ESPASA JUVENIL

HISTORIA

ESPASA JUVENIL

HISTORIA

El bisonte mágico

CARLOS VILLANES CAIRO

28

ESPASA JUVENIL

Diseño de colección: Juan Pablo Rada
Ilustración de cubierta: Juan Pablo Rada

Primera edición: marzo, 1997
Decimoséptima edición: septiembre, 2010

Depósito legal: M. 40.478-2010
I.S.B.N.: 978-84-239-8883-9

Espasa, en su deseo de mejorar sus publicaciones, agradecerá cualquier sugerencia que los lectores hagan al departamento editorial por correo electrónico: sugerencias@espasa.es

Impreso en España/Printed in Spain
Impresión: Huertas, S. A.

Espasa Libros, S. L. U.
Paseo de Recoletos, 4
28001 Madrid
www.espasa.com

El papel utilizado para la impresión de este libro es cien por cien libre de cloro y está calificado como papel ecológico.

Carlos Villanes Cairo, *nació en Perú. Es doctor en Filología Hispánica y en Literatura, catedrático de universidad, crítico literario y asiduo colaborador en diarios y revistas en España y en América Latina. Reside en Madrid desde 1984 y su obra para niños y adultos ha sido galardonada con diversos premios, entre ellos el Mirlo Blanco en Bolonia y el Banco del Libro en Venezuela. Prefiere los temas realistas arrancados de la vida real y de la historia, de la que es apasionado lector, pero además sus libros tienen un inconfundible toque mágico de creación y belleza que ha cautivado a un gran número de lectores jóvenes. Sus novelas más conocidas son:* Destino: la Plaza Roja, Retorno a la libertad, Las ballenas cautivas, La otra orilla *y* Chilam y los señores del mar. *Varios de sus libros han sido traducidos a distintas lenguas: francés, inglés, italiano, portugués y catalán. En esta misma colección también ha publicado* La fuga *(EJ 72), con Isabel Córdova Rosas,* El rescate *(EJ 157) y* Sudor frío *(EJ 186).*

***

A Isabel,
antropóloga, esposa, madre y amiga

Índice

1

EN la puerta del bar, María se detuvo unos segundos, dudó entre quedarse o salir, pero cobró valor y se dirigió a la barra. Preguntó a los camareros por Imanol, el ayudante del farmacéutico, y ellos se lo señalaron:

—Es aquél, de chaqueta marengo y pajarita de moño, sentado al fondo, junto a un señor de gafas.

Era casi mediodía de domingo. A esa hora de la mañana la gente más notable de Santander, después de la misa y antes de la caminata por el paseo marítimo, se reunía en el bar El Brillante para tomar el aperitivo. María no se paró hasta tener delante a Imanol y llamarle por su nombre.

—Sí, guapa, dime...

—Soy hija de don Marcelino...

—Eso ya lo sé —le cortó sin recato, acarició el filo del vaso que tenía delante y elevó la voz—, ¿en qué puedo servirte?

—¿Puedo hablar con usted en privado?

El hombre que acompañaba a Imanol se puso en pie, dispuesto a marcharse. El otro le cogió del brazo.

—Alto —le dijo y luego se dirigió a María—: Diga lo que le apetezca, con mis amigos no tengo secretos.

—No es ningún secreto —dijo ella y le miró a los ojos. Imanol tenía la mirada turbia del que ha bebido más de una copa—. Don Jacinto, el farmacéutico, ha salido al campo de cacería y no vendrá hasta la noche, su esposa me dijo que podía encontrarle aquí, por eso he venido a buscarle.

—¿Y bien?

—Mi padre está grave y necesita unos jarabes que encargamos a la farmacia hace una semana. ¿Podría usted entregármelos?

—¡No! ¡Hoy es domingo y la farmacia está cerrada! Y no se atiende ese pedido porque nos falta un ingrediente que llegará mañana o pasado de Madrid.

—Pero, supongo que puede ser sustituido por otro.

—¡No! Nosotros somos serios y si hay que aguardar...

—Mi padre está grave, no puede esperar.

—¡Ése no es mi problema!

—No tiene por qué gritar —dijo María con firmeza, y su voz retumbó entre toda la clientela del bar, que parecía haberse callado y la miraba con ese falso disimulo que hace más evidente la curiosidad.

—¡Yo hablo como a mí me apetece! —le respondió Imanol, con el alarde de quien se cree importante.

—Hombre, ya está bien, ¿no? —dijo el señor de gafas que compartía mesa con el gritón.

—Le ruego que me atienda —insistió valerosamente María, tragándose el bochorno.

—Ya le dije, hoy no abrimos... Además, su padre es un farsante y algún día tendrán que dar cuentas de lo que hace, ¿no?

—Miserable, ¿qué sabrá usted?

—Sé lo que todo el mundo sabe, que hay gente que engaña en nombre de la ciencia.

—¡Si mi padre muere, usted tendrá parte de culpa! —le contestó María, vencida por el enfado.

—¡Mueren los enfermos, niña tonta, yo nada tengo que ver!

—No me diga más, infeliz, desvergonzado.

—Jovencita, si usted fuera hombre...

—¡Canalla! ¡Yo soy hombre! —dijo una voz interrumpiéndole.

Imanol se puso de pie y se volvió rápidamente. Tropezó con la silla que tenía delante y la apartó con violencia.

El bar entero contuvo la respiración.

—¿Quién eres? —vociferó, y como accionado por un resorte, movió la cabeza de un lado a otro, tratando de identificar a su contrincante.

—Un hombre, no un guaperas que presume de valiente con una chica —dijo y dio un paso adelante.

Todas las miradas fueron hacia él. Era todavía muy joven, de porte atlético, vestía con elegancia y parecía muy decidido. Su cuerpo contrastaba con el de Imanol, más bien desgarbado y en camino de la obesidad.

—¡Bah, chaval, retira esas palabras y me olvidaré lo que has dicho! —le retó en tono burlón.

—Primero discúlpate con esa chica y luego retiraré mis palabras.

El ayudante del farmacéutico se llevó a los labios la

copa que tenía entre las manos y la bebió de un sonoro trago, algo caballuno.

—Eh, niñato, tú no estás en edad para estar desafiando a la gente —lo escrutó con la mirada como para reconocer bien de quién se trataba y no lo pudo identificar. Se rió nerviosamente, luego adoptó una actitud agresiva y vociferó:

—No sé quién eres, forastero... ¡Anda... discúlpate y aquí no ha pasado nada!

—Se ofende a una chica y ¿que aquí no ha pasado nada? —le replicó el joven, apretó los puños y avanzó hacia Imanol.

Al ver la decisión del desconocido, el ayudante del farmacéutico volvió a sonreír como si quisiera ablandar la situación, pero lo que consiguió fue hacer más notable su nerviosismo. La sonrisa de su cara se transformó en una mueca.

—Bueno chico, no es para tanto —masculló, conciliador.

Y al comprobar que el muchacho se le acercaba, sin vacilar, Imanol empezó a sudar.

—¿Qué quieres chaval?

—¡Que te disculpes ahora mismo! —insistió el joven.

Se hizo un nuevo silencio. Las miradas divagaron entre Imanol y la chica.

—¡Perdone señorita, mi enfado no va con usted, sino con su padre! —dijo a media voz el ayudante del farmacéutico y fue a sentarse.

María no dijo nada. Sólo atinó a mirarlo con desprecio. Se volvió hacia la puerta y salió del bar, mientras los parroquianos encendían, a viva voz, los comentarios.

El desconocido también se fue y apresuró los pasos tras de la joven. María le sonrió con inquietud.

—Gracias, te has metido en un lío por mí —le dijo.

—Tal vez, pero he ganado una amiga —afirmó, sin inmutarse—. ¿Puedo hacer algo por ti? —le preguntó a su vez, cuando ya cruzaban la acera.

—No lo sé —el muchacho la miraba con admiración y ella le correspondió con una sonrisa cortés.

—Me llamo Ignacio —dijo y extendió su mano a la chica.

—Yo, María —se presentó ella, sintió la calidez de su piel y volvió a mirarle a los ojos—. ¿Tú no eres de aquí, verdad?

—No. A mi padre lo han trasladado y vine con él. Es funcionario de la aduana.

María pareció volver a la realidad.

—Mi padre es un científico que ha sido traicionado y, como has visto, sin conocer sus méritos algunos se han dejado arrastrar por la corriente... es una larga historia... y ahora está muy enfermo.

—¿Podría ayudarte de alguna manera?

—No. Debo ir a la casa del médico, al otro lado de la bahía, en la playa de El Sardinero.

—Si deseas te llevo en mi carro.

—Gracias, tengo el mío. Mira, es aquél —dijo y señaló uno, más bien pequeño, de dos ruedas tirado por un caballo moro y en él le aguardaba Pepín, hijo del mayordomo de su casa.

—Oh, es una tartana preciosa y también parece veloz.

—Sí.

Ignacio no se resignaba a perder la amistad de

María y aunque de primera intención prefirió no insistir para evitarle una molestia, finalmente, decidió ser obstinado.

—Si quieres puedo acompañarte.

Ella dudó unos instantes y luego dijo que sí, con un leve movimiento de cabeza.

—Dios, hoy día me sacuden —comentó Pepín y fue a sentarse sobre el maletero de la tartana.

Ignacio se acomodó en la baca y María atizó las riendas. El caballo arrancó al trote y empezó a subir una breve ladera desde donde se veían los acantilados, que cortaban las colinas verdes, y parecían hundirse en el mar entre la resaca blanca que producían las olas al estrellarse al pie de los farallones. El sol brillaba alto y la fresca brisa, después de lamer el lomo del mar, se adentraba hacia la tierra y acariciaba sus rostros con los vapores marinos cargados de sal y humedad.

Ignacio estuvo tentado de preguntar por qué en esa ciudad tan bella, sosegada y amistosa, se podía odiar a un hombre, mucho más si era un científico. Desistió de la idea. Trató de conseguir, con sutileza, un pretexto que le explicara algo, pero no lo hizo, prefirió respetar el silencio de la chica y, mientras continuaba el ascenso, se cruzaron de nuevo sus miradas sin decirse apenas nada.

Remontaron la breve colina desde donde podía divisarse la bahía entre azules de mar y cielo, verdes de bosque y jardines, blancos de velas y oros de playa; el faro solitario y el soleado perfil de la península de La Magdalena, anclada sobre los acantilados. Santander lucía como una chica guapa en primavera.

—¿Está muy enfermo tu padre?

—Sí —de nuevo el rostro perfilado de María, sin el menor asomo de maquillaje, se puso triste. Viéndola así, parecía cobrar con mayor fuerza una extraña belleza que estremeció a Ignacio.

—¿De qué padece?

—Del corazón. Es un hombre muy sensible y durante estos últimos años ha sufrido demasiado.

—Tu madre también debe de sentirlo mucho, ¿verdad?

—Mi madre murió hace tiempo.

—¿Y tus hermanos?

—Soy hija única.

Ignacio sintió una mezcla de admiración y pena. Estaba sola y luchaba por su padre, que moría despreciado por alguna gente de su propio pueblo.

—Te agradezco, otra vez, que hayas puesto en su sitio a ese hombre —dijo María.

—No fue nada.

—Fue mucho para mí.

De nuevo la brisa marina les sacudió el rostro, tal vez un extraviado coletazo del viento norte que buscaba refugio tierra dentro.

—¿Realiza tu padre investigaciones? —le preguntó Ignacio sin poderse contener.

María inclinó la cabeza y respondió:

—Sí, es abogado, pero la investigación científica le interesa más.

—¿Y por qué se puede odiar a un hombre de ciencia?

—Es una vieja historia relacionada con unas pinturas rupestres que descubrió. Algún día te contaré cómo fue aquello. Te juro que mi padre jamás ha sido un farsante.

—No jures —se apresuró a decir Ignacio—, yo te creo.

Empezaron a descender la ladera y al fondo se podía divisar una casa de dos plantas rodeada de arbustos.

—Allí es —dijo María.

En el portal, les recibió el doctor Perelló, un hombre con barba y cabello entrecano, médico de la familia desde hacía muchos años, que había sido alertado cuando el carro de María apareció en lo alto de la colina.

—María, hija, ¿qué pasa? —dijo, sereno pero frunciendo las arrugas por su sorpresa, cuando ya estaban muy cerca.

—Hoy por la noche se le acabará la medicina a mi padre y la farmacia no nos la ha proporcionado todavía.

—¿Será posible que esto ocurra a un paso del siglo XX? —mostró su enfado—. ¿Cuándo la solicitasteis?

—Hace varios días.

—Y él, ¿cómo está?

María quiso hablar y las palabras se le atragantaron en la boca. Bajó la mirada y no pudo reprimir el llanto.

—Está muriéndose… — susurró, apenas.

El médico, estremecido, tomó ambas manos de la chica.

—Tranquila, María, iré a verle inmediatamente —ofreció su brazo para ayudar a la joven a descender del carro—. Yo tengo unas muestras médicas que podrán aliviarle hasta que la farmacia pueda atenderos.

Ignacio y María se quedaron quietos en el portal. El doctor Perelló les dijo:

—No os quedéis ahí, pasad un momento al salón mientras preparo mis cosas—. Llamó a su criado y le pidió que le tuviera lista su tartana, que iba a salir pronto.

El médico reparó en Ignacio y le preguntó:

—¿Y tú quién eres, joven?

—Ignacio Luna.

—¿Luna? ¿Eres hijo de don Fernando?

—Sí.

—Hombre, mucho gusto. Anteayer estuve en el Club jugando al mus con tu padre —y le ofreció su mano que Ignacio estrechó con afecto.

El chico sonrió.

Entraron al salón. Era alto y grande, muy iluminado y su decoración sobria y antigua, propia del hombre solterón que vivía con su anciano padre, un criado-mayordomo, una asistenta-ama de llaves y tres perros.

De las paredes colgaban varios cuadros, y uno de ellos, enmarcado en pan de oro, tenía un extraño dibujo que, inmediatamente, llamó la atención de la joven. María, caminó hacia él y se quedó contemplándolo. Ignacio advirtió esa repentina inquietud y fue junto a ella.

Era un bisonte que parecía huir, pero en medio de su carrera volvía la cabeza hacia la espalda y miraba con los ojos asombrados a alguien que le perseguía. Los trazos del dibujo eran firmes y bellos, parecían realizados a pluma y en él sobresalían los ocres y rojos encendidos entre los medios tonos naranjas y magentas, sobre un fondo perfectamente contrastado de veladuras amarillentas y color tierra, como el de las cuevas.

—El culpable... —dijo María, con la voz apagada. Ignacio la oyó apenas. Miró intrigado a la joven y le preguntó:

—Perdón, ¿qué has dicho?

Ella siguió contemplando la imagen como si estuviera deslumbrada y sola.

—El bisonte que va a matar a mi padre.

Era un bisonte que al muchacho no le decía, francamente, nada, aparte de los excelentes contrastes de sus líneas y colores que, sin duda, pertenecían a algún buen pintor contemporáneo, quién sabe si parisino, porque según decían por esos días, todos los hitos de la cultura venían de Francia. Pero Ignacio se sobresaltó en el acto, miró de reojo a María y no descubrió nada en particular. ¿Estaba esa chica en sus cabales?

El médico apareció provisto de su maletín y se dirigió a María al verla con la mirada puesta en el dibujo.

—Ese cuadro me lo regaló tu padre —había en su voz un ligero tono de orgullo.

—Me lo suponía —asintió ella y continuó mirándolo.

—Bueno, vamos, que se nos hará tarde —dijo el doctor Perelló.

El médico, subió a su tartana e invitó a Pepín a ir con él.

—La señorita María querrá hablar con su amigo —le comentó— y tú me puedes contar algo de Puente San Miguel.

—Gracias —le dijo Ignacio y subió al carro de María.

Volvieron a Santander y después de atravesar la ciudad tomaron el camino del sur. Se internaron por una vía angosta pero bien cuidada, flanqueada de eucaliptus que contrastaban con los pinos y los abetos, altos y corpulentos, que apiñados en las laderas de las colinas le daban un manchón de bosque y sombra.

—Mi padre sembró muchos de estos árboles.

—Vaya, qué bien.

—Cuando era joven participó en la forestación del valle y también sembró eucaliptus en toda la región.

El muchacho aspiró con fuerza el aire mentolado y tibio de los árboles y sintió cómo la fragancia, balsámica y gratificante, invadía su cuerpo.

—¿Piensas quedarte en Santander?

—¡No lo sé! —dijo Ignacio y devolvió la mirada a la chica—. Estoy atravesando un serio conflicto con mi padre, él y todos nuestros antepasados fueron hombres de mar y quiere que yo también sea marino.

—¿Acaso no es bello pilotar un barco?

—Para mí, no. Yo quiero ser médico, es mi sueño de siempre. Y mi padre no quiere oír una sola palabra de eso. Hoy mismo tuve una seria discusión con él antes de ir al bar.

—¿Y tu madre?

—Me apoya decididamente.

María sonrió:

—Lo conseguirás, Ignacio.

—No lo sé. Mi padre dice que si no voy a Cartagena a la Escuela Naval, no me dará un solo duro... si es así me marcharé de todas maneras de mi casa y trabajaré en lo que sea para costearme los estudios.

María le contó que no tenía muy claro qué iba a estudiar en el futuro.

—Por ahora, con cuidar la salud de mi padre tengo bastante.

Se contaron cosas comunes, mientras el caballejo trotón devoraba los kilómetros hasta Puente San Miguel y esa primera travesía por el exuberante verdor de pasto y arboleda de Cantabria se les hizo muy corta a los jóvenes, tal vez muy poco, para cuanto querían decirse.

De pronto, a la vera del río Pas aparecieron los portales de la finca del padre de María.

—Aquí es —dijo la joven.

Atravesaron un espacio amplio sembrado con los árboles más exóticos de la tierra. Al llegar a la casona la chica llamó desde el portal, pero nadie le respondió.

—¿Padre? ¡Soy yo!

Y se sucedió un nuevo, prolongado y preocupante silencio.

María miró angustiada al médico y ambos se apresuraron a subir las escaleras.

Don Marcelino estaba tumbado sobre su cama, con los ojos cerrados y la rigidez de un muerto.

La muchacha al verlo sintió un retortijón en el pecho y corrió hacia el hombre yacente.

—¡Padre mío! —dijo angustiada.

Don Marcelino abrió levemente los ojos y dirigió la vista, cansada y triste, a los recién llegados.

—¿Y cómo está mi ilustre paciente? —le preguntó el médico, dando un suspiro de alivio.

—Con el pasaporte listo —respondió don Marcelino. Se le notaba muy enfermo, pero su carácter no dejaba de ser jovial.

—Espero que no tenga que usarlo todavía —dijo el médico.

—No debió molestarse en venir, doctor —respondió con voz pedregosa el enfermo—, hoy es domingo.

El médico se volvió hacia María.

—Déjanos solos, por favor.

El galeno se llevó a las orejas los auriculares del estetoscopio y auscultó con sumo cuidado el pecho del paciente.

—¿Hay dolores?

—Sí doctor, para qué voy a seguir engañándome, son continuos y muy fuertes —esperó unos instantes que el médico diera su diagnóstico y luego le pidió—: Dígame la verdad.

—Don Marcelino, me temo que el mal avanza.

—Se lo dije. En esta casa la muerte ya tiene permiso.

—¿Debo decírselo a María?

—Pobre niña, creo que ya lo intuye.

El médico llamó a la joven y le entregó unos jarabes que había traído consigo.

—Una cucharada de éste, cada cuatro horas, y dos de este otro antes de dormir.

Ella asintió solícita y dirigió la mirada al médico en busca de alguna respuesta.

El hombre, únicamente, movió la cabeza. Se despidió de todos, indicándole a María que le llamara si don Marcelino empeoraba.

La chica salió al portal donde le aguardaba Ignacio.

—Debo irme —le dijo el muchacho.

—Lo sé. Gracias por todo.

—¿Puedo volver a visitarte?

—Sí. Cuando quieras —respondió ella.

Ignacio montó en el carro del médico y partieron de retorno a Santander.

De nuevo la quietud del paisaje acompañó a los dos hombres.

—A don Marcelino le mata la ingratitud y el desdén —dijo el médico—, ha hecho una gran contribución a la ciencia, no lo han entendido y ahora se muere.

—¿Eso puede matar, doctor?

—La dignidad, joven. Su precio es muy alto.

—No entiendo.

—Es una larga historia... María ya te la contará.

—¿Está relacionada con un bisonte?

—Sí.

—Pero... en España ya no hay bisontes.

—Ahora no, pero los hubo hace miles de años —dijo el médico.

2

EL bisonte bramó, acosado y herido de muerte. Sus ojos, desorbitados porque el instinto le hacía prever una tragedia, divisaron a muchos hombres provistos de palos con puntas aguzadas, con las que le habían dañado y le hacían desfallecer, tan dolorosamente.

En un alarde final de bravura y nobleza, el bisonte mugió con energía. Escogió el lugar por donde creyó que podía escapar del despiadado cerco de los cazadores y trotó, frenéticamente. Cuando estaba a punto de romper el flanco, que le cerraba la libertad, varias lanzas quebraron su piel. El intenso dolor le hizo detenerse y todo empezó a nublarse delante de sus ojos. Comprobó que la fuerza de sus poderosas patas, y los gruesos remos de sus cuartos traseros, cedían al empuje de la muerte y cayó desfalleciente.

Lo último que vio el bisonte fue el cielo intensamente azul, que contrastaba con el valle verde y fragante, alfombrado de una hierba tierna y jugosa a la que él y su manada habían llegado por fin después de muchos días de peregrinaje, cuando sus antiguas querencias quedaron arrasadas por el frío y la nieve.

Volvió la vista al cielo y el cielo, brillante y profundo, se tornó definitivamente negro.

Su carne desgarrada por fuera se iba en oscuros cuajerones y, también por dentro, una incontenible mancha roja invadía su cuerpo, arrasándolo todo.

Ya con los ojos cerrados, el gran bóvido oyó los gritos de júbilo de los cazadores que se aproximaban y luego le pareció flotar, elevarse hasta que la ingravidez absoluta le hizo perder para siempre la conciencia.

Al comprobar que el bisonte había muerto, los hombres dieron saltos y gritos de alegría. Se acercaron a él y le arrancaron la piel, los cuernos y el rabo. La carne fue escrupulosamente troceada y dividida entre los vencedores.

—Debía de ser el jefe del rebaño —dijo Malmo, y levantó con dificultad la gran cornamenta del animal.

—Sí, y ahora su manada se quedará dispersa y tendremos carne para todo el invierno —le respondió Yaloj, que era el jefe de los cazadores.

Los hombres se abrazaron felices.

Los cazadores vinieron desde tierras muy lejanas, siguiendo las huellas del bisonte y el bisonte se quedó allí, enamorado del pasto jugoso y abundante de esas pequeñas colinas verdes, donde, quince mil años más tarde, unos nobles y esforzados caballeros fundarían un pueblo de casonas con blasones y escudos nobiliarios en sus pórticos y al que bautizarían como Santillana del Mar, a pocos kilómetros de Santander.

A los cazadores de bisontes les guiaba el valiente Yaloj, un formidable guerrero, sabio y prudente.

Yaloj se ganó la voluntad de su pueblo cuando era

muy joven. Salvó de las garras de un gigantesco oso negro a dos mujeres que tenía acorraladas en la orilla de un río helado.

Se enfrentó al oso apenas armado con un lanza rústica —un palo y una punta de cristal de roca— y lo venció. Luego desolló y curtió la piel. Confeccionó una gran manta para obsequiar a la mujer que más tarde sería su esposa y le daría cuatro hijos. Dos se le murieron congelados durante el gran éxodo y le sobrevivieron Tana, que todavía era muy joven, pero que ya había formado su propia familia con otro cazador, y Rek, un muchacho simpático con irrefutable cara de bueno y que siempre sacaba fuera de quicio a sus padres.

Entre hombres tan duros, Rek era más bien algo enclenque; entre gente acostumbrada al rigor de la persecución de grandes animales a campo través, el joven detestaba la caza y prefería entretenerse contemplando la cambiante maravilla de la naturaleza o imitando el silbido de las aves.

Rek era un auténtico poeta, aunque nunca había escrito ni una sola línea. Faltaban siglos para que los hombres inventaran la escritura.

Cierta vez, cuando su madre descubrió al joven embobado, mirando correr las nubes, le preguntó:

—¿Qué haces, Rek?

—Pienso.

—¿Y puedo saber en qué?

—Sí. Me gustaría entender con qué sueñan los perros cuando duermen.

Le miró intrigada. No cabía duda que ese hijo le había salido un poco loco. Se quedó pensativa, pero no le comentó nada más.

Desde entonces la buena mujer se puso a observar a *Vara*, el perro de la familia cuando dormía y descubrió que, efectivamente, movía las patas delanteras como si defendiera y las traseras como si se impulsara, a veces lanzaba gruñidos y hasta enseñaba los caninos y mordía al aire. Y llegó al convencimiento de que Rek tenía razón, no era tonto ni tan ingenuo como parecía.

Después de la caza del bisonte, el jefe Yaloj, terriblemente desengañado, había reprendido con dureza al joven por no querer ser cazador. Y Rek se mantuvo en silencio, sin formular el más mínimo reproche a su padre. Cuando el chico salió como perro apaleado de casa, su madre se acercó al gobernante del clan y le dijo con tono suplicante:

—Por favor, déjalo en paz. Rek es diferente.

Yaloj no estaba para sutilezas.

—Diferente o no, si no hay caza no hay comida.

—Es muy joven todavía, ya aprenderá con el tiempo.

—El tiempo mata a los que no están preparados.

La madre suspiró y no dijo nada. El hombre comprendió que su mujer sufría, la tomó de los brazos y trató de explicarle.

—Ahora mismo lo has visto, todos han puesto la mano para capturar al gran bisonte, menos mi propio hijo.

Sin embargo, lo que los padres de Rek ignoraban era que, a la especial idiosincrasia del joven, se juntó un mal mayor o, quién sabe, un bien menor: el muchacho estaba enamorado.

Estar enamorado significaba poner en evidencia, a los miembros del clan, la capacidad de la lucha por la vida frente a las eventualidades de la supervivencia. La primera consistía en ser diestro en la caza.

Pero a Rek no le apetecía nada de eso, ni estar como los demás persiguiendo animales, ni pasarse las horas identificando las huellas de bisontes, alces, jabalíes, ciervos, uros, ni osos, para darles muerte.

Después del banquete que significó la cacería del gran bóvido, los hombres, con especial cuidado, reunieron los huesos que no podrían ser aprovechables, cavaron una fosa y los enterraron. Era una ceremonia para que la caza no se aleje y vuelvan a nacer nuevos bisontes.

Los ancianos decían que el espíritu del bisonte, alumbrado por la próxima luna llena, volvería al clan a recoger sus pasos, recobraría sus carnes, su forma, y se convertiría en una nueva pieza de caza.

Un dorado crepúsculo precedió a la noche. Los hombres y mujeres del clan se reunieron en un gran corro en torno a una fogata. Como de costumbre, recordaron sus viejas historias, recapitularon el gran peregrinaje y las anécdotas de la vida migrante

El invierno que dejaron había sido muy duro. La interminable caminata tras las piezas grandes de caza dejó sembrados por el camino a muchos seres queridos del clan, pero por fin arribaron a esas tierras donde la naturaleza se mostraba pródiga, el clima era propicio y, además, como por arte de magia, los bisontes que huían de los hielos se habían asentado en esas verdes praderas.

Mientras los mayores relataban sus historias, Rek contemplaba secretamente a Belaya. A la luz dorada del fuego, se afinaban las facciones de la joven, y parecía mucho más bella de lo que realmente era.

Rek no conoció a Belaya desde pequeña como a las otras niñas del clan, con las que jugó siempre y quería como a sus hermanas. Ella pertenecía a un clan que perdió a su gente en la gran travesía, y ya casi diezmado, se incorporó al de Yaloj.

Habían pasado dos inviernos juntos, pero el padre de Belaya no era tan considerado en el clan. A él y a su familia se les admitía como a extranjeros.

—¿Por qué, madre? ¿ Acaso ellos no son iguales a nosotros?

—Sí —accedió la mujer sin disimular su recelo—, pero ellos tienen otras costumbres y distintas creencias. Somos diferentes.

—Belaya es muy bonita, me gusta.

La madre se le quedó mirando, sorprendida. En primer lugar porque su hijo único ya empezaba a sentirse mayor y eso significaba que tendría que alejarse del hogar; y también porque la sinceridad del joven con ella, era tal, que le confesaba sin ningún reparo su enamoramiento. Pero los mandamientos de su ley eran irrefutables: si Rek quería casarse tenía que ser un buen cazador. Definitivamente aquello no iba con él y, además, al no ser esa chica del clan, estaba reservada para un forastero.

—Enamórate de cualquiera, menos de la extranjera —le había advertido su madre muchas veces.

Esa prohibición despertó en Rek un mayor interés por la joven.

Belaya también era una chica extraña. Al sentirse rechazada por las otras jóvenes del clan, se volvió retraída y prefería pasar sola buena parte de su tiempo. Algunas veces se alejaba del pequeño poblado acompañada de su hermana pequeña, y nadie sabía a dónde iba.

Rek descubrió que la joven, para despistar, bordeaba la colina, subía hasta la cima y se refugiaba en la gran cueva de la parte alta del poblado que, según decían los mayores, serviría en el próximo invierno de refugio al clan de Yaloj, pero antes debían exorcizarse a los malos espíritus que podrían habitarla.

—¿Y Belaya no tiene miedo a los espíritus? —se preguntó Rek. Sintió que su corazón latía vertiginosamente y recordó los reparos de su madre «cuidado, tiene otras creencias».

—¿No será que esa chica es una hechicera? —volvió a cuestionarse Rek, pero en el acto desechó la idea y añadió en voz alta—: ¡Belaya es buena!

—¿Qué pasa? —le preguntó su madre que andaba por allí cerca.

—Nada —dijo Rek.

Por esos días las manadas de bisontes continuaron llegando a esa zona. Yaloj y sus hombres estaban realmente dichosos. Nunca habían tenido al alcance de sus manos tanta carne fresca ni tantas pieles, y el verano todavía no empezaba.

Tendrían provisiones para varios meses más. Podrían organizarse mejor y almacenar todo lo necesario para soportar el rigor de la estación invernal. El largo peregrinaje, tras las huellas del bisonte, había valido la pena. Ahora llegarían unos años de paz.

Rek vio a Belaya alejarse del poblado, y llevado por un instinto natural entró en su tienda, cogió una lanza de su padre y la siguió.

Belaya se alejó sigilosamente. Iba sola, sin la acostumbrada compañía de su hermana pequeña y apresuraba el paso hacia la cueva porque presentía que algo extraño y maravilloso iba a suceder aquel día.

Poco antes de llegar, se dio una carrerita final y, ya protegida por unos arbustos descubrió que Rek se acercaba en esa misma dirección. Un leve sudor abrasó la frente de la chica y después de aspirar con fuerza corrió los pocos metros que faltaban hasta la entrada de la cueva.

Rek decidió enfrentarse a la verdad. Quiso de una vez por todas decirle a Belaya que la quería para él y no le importaría desafiar las iras de su clan porque estaba enamorado. Apresuró el paso con ansiedad y sintió que dentro de su pecho su corazón había emprendido una carrera loca.

Cruzó los arbustos. La muchacha permanecía en pie y apoyaba el cuerpo y las manos sobre la roca de una de las paredes de entrada de la cueva, abierta como el gran ojo de un cíclope en la parte alta de la colina.

Al verlo, la joven lanzó un grito estremecedor.

Rek se quedó de piedra. La miró bien. Belaya tenía los ojos aterrorizados y le pareció que volvería a gritar al menor movimiento suyo. El muchacho, ofuscado, quiso pedirle que dejara de chillar, decirle que la amaba, y que no le haría el menor daño.

—Belaya, yo...

Y su voz fue cortada por un nuevo grito.

Desengañado, el chico prefirió no acercarse. La miró con pena y desencanto. Prefirió volverle la espalda y marcharse.

Belaya gritó de nuevo. Rek giró para mirarla.

—Rek... no te vayas —dijo, con voz temblorosa.

Estaba pálida, desfigurada, como si tuviera un profundo miedo.

A Rek le pareció que algo se movía entre las luces y las sombras de la entrada de la cueva. Aguzó la mirada.

Sin podérselo creer, el muchacho descubrió la razón y se quedó anonadado.

Levemente protegido por la media luz de la entrada de la cueva había un bisonte descomunal, tan grande como el que habían matado hacía unos días.

El miedo paralizó a Rek.

El animal permanecía como atontado, a pocos pasos del cuerpo de Belaya, encubierto por el claroscuro de la boca de la cueva, por eso Rek no lo pudo distinguir cuando la joven gritó.

Se quedó, por una fracción de segundo, sin saber qué hacer, pero en el acto enfrentó la realidad.

—¡Belaya no te muevas! —le dijo—. ¡Si corres te atacará!

El bisonte caminó hacia afuera y se acercó aún más hacia la muchacha. El cuerpo de la fiera quedó a la luz y Rek pudo verlo en toda su dimensión. Era maduro, alto y fuerte, de barbas largas, de morrillo levantado y de pelaje marrón oscuro.

La fiera caminó dos pasos más hacia la joven.

—¡No te muevas! —insistió Rek y sin titubear, se aproximó hacia el bisonte dando un grito.

El animal se volvió hacia él. Elevó el testuz y sacudió el cuerpo. Tenía una cornamenta potente, como ensortijada. La cabeza, monstruosa y desafiante, parecía un trozo de roca en movimiento.

Rek se acercó todavía un poco más. Abrió levemente las piernas para apoyarse con firmeza, dejó la lanza en el suelo, palmeó las manos y gritó con fuerza para llamar la atención de la fiera.

El bisonte avanzó. Estaba casi a medio metro de distancia de Belaya, giró hacia ella, olisqueó el aire. La muchacha contuvo el aliento y cerró los ojos.

Rek volvió a gritar, palmeó las manos y se aproximó, aún más.

El monstruo sacudió la cabeza a unos centímetros de Belaya, cargó toda la energía en sus cuartos traseros, se impulsó adelante y se abalanzó en busca del cuerpo de Rek.

El chico siguió azuzándole para que se alejara de Belaya y el monstruoso animal cayó en la trampa. Salió al descampado, se sacudió los lomos con fuerza y corrió en dirección al cuerpo de Rek.

Para mayor espanto, descubrieron que el bisonte renqueaba ligeramente. Y ese detalle les aterrorizó: desde niños sabían que cualquier animal herido si está furioso se vuelve cruel y su ataque puede ser mortal.

—¡Corre y súbete a un árbol! —gritó Rek mientras huía desesperadamente perseguido por el bisonte.

Cerca había algunos árboles que no eran ni muy robustos ni tampoco altos. Belaya trepó al primero que halló a su paso y permaneció callada contemplando cómo Rek era seguido de cerca.

Tropezó y estuvo a punto de ser embestido, pero consiguió escapar por escaso margen. El animal volvió a la carga y Rek, en su macabro juego de azuzar a la fiera y huir, tropezó de nuevo y cayó. El bisonte midió la distancia y arremetió contra el cuerpo indefenso.

Belaya pegó un grito estridente que distrajo al animal y Rek pudo, por un segundo, eludir los cuernos de la fiera.

El bisonte, desconcertado, retornó hasta el árbol donde permanecía Belaya. Llegó al pie del tronco y olfateó con descaro. Elevó la mirada. La muchacha acurrucaba su cuerpo sobre una rama que, para mayor desgracia, ni era muy alta ni muy gruesa, y podía en cualquier momento venirse abajo.

A cada golpe de cuerno, el tronco se movía y en la copa la muchacha se balanceaba espantada.

La chica sabía de oídas que Rek era un pusilánime, y no faltaban quienes le creían un cobardica, incapaz del atrevimiento de enfrentarse a un bisonte...

El chico buscó la lanza y avanzó resuelto hacia el feroz animal.

Una extraña fuerza le oprimía el corazón a Belaya. Más que el miedo se apoderó de ella un sentimiento de desesperación ante la posibilidad de que ese pobre muchacho fuera destrozado por la fuerza asesina de la bestia.

—¡No, Rek! —le gritó—. Regresa al poblado y llama a mi padre para que pueda ayudarte.

Rek continuó acercándose sin inmutarse. El bisonte lo descubrió. Se apartó del árbol y caminó sin mucha prisa hacia el hombre que le retaba, rejón en mano.

Belaya gritó de nuevo. La fiera ya no le hizo caso. Se volvió hacia Rek y emprendió la carrera en pos de su presa. De primera intención, el chico quiso huir pero se contuvo y salió al encuentro del animal. Lo esperó agazapado sin saber si apuntar, tirar el arma o defenderse con ella cuando estuviera muy cerca.

Decidió huir hacia adelante: levantó la mano que empuñaba la lanza y gritó un «¡aaaahhh!» que retumbó. Se acercó corriendo hacia el animal, que también esgrimió toda su furia contra él.

En ese instante el muchacho tropezó y cayó al suelo. Trató de incorporarse pero ya el bisonte estaba a muy poca distancia de su cuerpo. Apenas atinó a enderezar la lanza y apoyarla contra el suelo.

¡El impacto fue fulminante! El rejón afianzado en la tierra se catapultó solo y toda la fuerza del bisonte cargó contra sí mismo, incrustándose entre el cuello y el cogote.

El efecto fue inmediato. El animal herido mugió angustiosamente y se cayó con fuerza al suelo, como si fuera un trozo de piedra.

Esa última imagen del bisonte lacerado de muerte, que giró para mirar con desesperación a su agresor, se le grabaría en el cerebro del muchacho para siempre.

—¡Reeek! —oyó a sus espaldas el grito de una mujer y se volvió para mirarla.

Era su madre, acompañada de dos mujeres y un mozo que venían a su encuentro.

Rek sintió que las imágenes de Belaya, su madre y el bisonte muerto comenzaban a danzar delante de sus ojos. Quisó erguirse, decir algo, pero cayó al suelo sin sentido.

Cuando Rek despertó ya era un héroe. Lo llevaban en vilo dos hombres sobre una manta y poco más adelante iba el bisonte también cargado por unos 20 ó 30 miembros del clan. Los trasladaron a un riachuelo que corría cerca.

Poco después Rek volvió a la conciencia. Su madre le acariciaba la frente y al otro lado Belaya le miraba de una manera tan especial que el chico se sintió en las nubes.

Yaloj se acercó con la piel del bisonte recién arrancada y la puso a los pies de su hijo.

—Esto te pertenece, Rek —dijo con orgullo, y retornó junto a los hombres que ordenadamente descuartizaron y se repartieron el animal.

Otros habían encendido fuego y atizaban la hoguera con trozos de la carne todavía sangrante, que después devoraron entre sonrisas de agradecimiento.

De la noche a la mañana, de tontaina y hazmerreír, Rek se había convertido en un audaz cazador, puesto que él solo había dado la muerte a un magnífico y poderoso ejemplar. Habitualmente, la caza de piezas mayores era el trabajo de un grupo numeroso de hombres.

Rek se puso de pie, cargó a duras penas con todo el cuero del bisonte, descubrió que cuando estaba fresco pesaba mucho y se dirigió a la tienda del padre de Belaya. La joven estaba cerca y al verlo quedó toda encendida de rubor.

Cuando la gente del clan adivinó la intención del chico, guardó un prudente silencio, pero no fue un silencio de respeto sino de admiración y hasta de miedo. Ese joven quería romper una vieja costumbre: pretendía tomar por compañera a una mujer que no era del clan.

El padre de Belaya se puso de pie y caminó, ceremoniosamente, unos pasos hacia el joven cazador que se aproximaba.

—Toma, es para Belaya —le dijo Rek. Sabía que un regalo no se lo podía entregar directamente a la elegida, sino que debía pasar por una especie de anuencia de su padre o si éste había muerto, de su hermano mayor.

El hombre dulcificó su semblante adusto. Aceptó el obsequio y dijo:

—Eres generoso y bueno, joven amigo, ojalá mañana no te arrepientas.

—No me arrepentiré, Belaya será algún día mi esposa.

La madre de Rek se acercó al jefe Yaloj, con el rostro desencajado.

—¡Impídeselo Yaloj! ¡No permitas que Rek haga una tontería que desatará el odio en el clan!

Yaloj movió la cabeza.

—Mi hijo es bondadoso pero está cada día más loco —dijo, y miró con ternura a su mujer—. No te preocupes tanto, todavía es demasiado joven para tomar esposa. Tal vez con el tiempo recapacite.

Aunque con el reparo del consejo del clan, porque retaba su autoridad al enamorarse de quien no debía, desde entonces la fama de Rek creció y empezó a ganarse el respeto.

Pero Rek no era feliz. Y no por culpa de Belaya. A todas luces la muchacha correspondía su amor. La culpable era una imagen que había empezado a obsesionarle porque no se le borraba de su mente. Aun en los sueños se le aparecía con insistencia: la estampa del bisonte, con la lanza atravesada en el cuello, que se volvía para darle una mirada de agonía.

Una extraña perturbación invadió a Rek. Fue como si una voz misteriosa y perseverante le reprochara su conducta por haber dado muerte al bisonte.

Llevado tal vez por una mano mágica, el muchacho iba con frecuencia a la cueva donde había descubierto al bisonte. Y fue allí donde encontró unos pequeños trazos dibujados sobre una de las paredes y algo más... también halló en el suelo restos de una resina negra y otra de color rojizo. Con ellas, después de muchos ensayos, dibujó sobre el muro de piedra de la pared de la cueva un bisonte herido que se volvía hacia Rek, aterrorizado.

Pensó que tal vez de esa manera el espíritu del bisonte no le iba a perseguir jamás. Día a día, con sumo cuidado, fue perfeccionando la imagen dolorida del animal que herido huía y se volvía hacia él.

Finalmente, el bisonte quedó terminado, pero la felicidad de Rek no llegó. Al contrario, una tarde le descubrió Malmo, uno de los principales de su clan que, sin decirle una sola palabra, escudriñó el dibujo de la cueva y salió espantado como si hubiera visto al gran espíritu del mal. Rek se rió de buena gana al ver tal actitud.

Por esos días ocurrió una desgracia en el clan de Yaloj: los bisontes se alejaron y la caza decayó.

Fue algo casi mágico. De la noche a la mañana, las manadas que pastaban muy cerca de donde el clan había organizado sus pequeñas viviendas se esfumaron, sin apenas dejar rastro.

El verano empezaba con sus rigores y todos los planes para una gran cacería que preparaba Yaloj para finales del otoño se vinieron abajo.

El jefe del clan convocó de urgencia a los cazadores. Después de acaloradas deliberaciones, que les hacían dudar entre dejarlo todo y seguir a los bisontes rastreando sus escasas huellas, o permanecer allí mismo durante el verano, decidieron quedarse. Irían hacia el mar que no estaba lejos y vivirían de la pesca y de la caza menor que, al menos, era considerable.

Malmo, uno de los cabecillas del clan, hombre ambicioso y siempre a la sombra de Yaloj porque tenía pretensiones de jefe, pidió que se investigara cuál era la extraña razón que había alejado a los bisontes. Con toda mala intención, sugirió que tal vez habían huido porque un hombre pusilánime y cobarde como era Rek, había dado muerte al jefe de una manada.

—El espíritu de los bisontes debe de haberse resentido. La pelea fue desigual, un jefe de bisontes debió enfrentarse a un jefe de los hombres.

Yaloj muy molesto le dijo:

—No dejes que la envidia te corroa el espíritu, Malmo, es justo que la fortaleza de los hombres se demuestre y no se alardee de ella.

—Los bisontes no huyen en vano. Tiene que haber alguna poderosa razón... Hay algún culpable y debemos encontrarlo.

—No lo dudes —dijo Yaloj—, será castigado con la mayor severidad.

—¡He descubierto al culpable! —dijo Malmo a Yaloj.

—¡Dime quién es y lo expulsaré del clan en el acto!

—Es un ser malvado. Robó el espíritu de los bisontes y debe ser castigado.

—¿Puedes probar lo que dices?

—Lo hemos visto el anciano Valmín y yo.

—¿Estáis seguros?

—El anciano Valmín es sabio y no miente, y también él dice que el culpable no debe tener perdón.

Yaloj encolerizado miró a los ojos de Malmo. Destilaban odio y venganza.

—No me impacientes más, Malmo. Dime, ¿quién es?

—¡Tu propio hijo!

—¿Rek?

—¿Acaso tienes algún otro? —le preguntó sardónicamente el cazador.

—¿Cómo lo has averiguado?

—Le seguí. En la roca de la cueva tiene atrapado a un bisonte herido... esa es la razón por la que sus hermanos se han alejado del valle y ya casi no tenemos caza.

—¡No puede ser! —dudó el padre de Rek.

—¡Lo es! —dijo el otro frenético— y como tú mismo has dicho, el culpable será castigado.

Malmo condujo a Yaloj hasta la cueva y el jefe del clan comprobó que Rek «había robado el alma de un bisonte y lo había estampado sobre la piedra», y según aseguraban los ancianos del clan eso ahuyentaba a los animales y la caza desaparecía.

El angustiado jefe vio por primera vez en su vida un dibujo muy claro y realista de un bisonte herido que, de manera enigmática, tornaba los ojos al cazador.

Los colores, las formas, el extraño sentido de esa figura era como si estuviera frente a ellos el gran bóvido. ¿Cómo era posible que alguien pudiera hacer una cosa semejante y que esa persona fuera precisamente un hijo suyo? ¿Ignoraba que cuando fuera mayor, podía llegar a ser jefe del clan si lo quisiera?

Se quedó como trastornado contemplando una y otra vez la extraña figura.

—¿Estás seguro que esto lo ha hecho mi hijo?

—Sí. Yo y el anciano Valmín lo hemos visto —hizo una breve pausa y le señaló una piel de ciervo escondida entre los meandros de la cueva—, allí guarda las cosas con que hace esto.

Yaloj husmeó el material y Malmo lo fue explicando para qué servían: eran unas viejas plumas de ave gastadas, no por la punta afilada sino por la parte de atrás, unos huesos largos con la médula perfectamente vaciada y carcomida por donde soplaba la pintura y en una especie de odre, una sustancia negra resinosa para los trazos finos.

—¿Qué es?

—Alguna extraña sustancia que debieron entregársela los espíritus del mal.

—¿Crees que esto es obra del espíritu del mal?

—No cabe ninguna duda, ¿quién si no iba a enseñar a tu hijo a realizar esta cosa tan terrible?

Yaloj se quedó meditando. De improviso cogió su lanza y trató de borrar la imagen allí reflejada.

Malmo le detuvo la mano:

—¡Alto! —le increpó—. Si tú estropeas esa imagen nunca más tendremos cacería. Tiene que ser tu propio hijo quien la destroce y luego le aplicarás un castigo ejemplar.

Yaloj retrocedió espantado. Era cierto. Lo sabía pero había sido su corazón de padre el que trató de enmendar el daño y de esa manera evitar males mayores.

—¿Y bien?

—Llamaré al consejo del clan y decidiremos el castigo de Rek.

—¿No has sido tú mismo quien me dijo hace poco que si descubrías al culpable lo ibas a expulsar inmediatamente?

A Yaloj le tembló la cara de la tensión. Se acercó hasta casi rozar con el aliento el rostro de Malmo:

—En el consejo yo seré el primero en pedirle que se vaya... pero no olvides que cuando yo muera, Rek posiblemente se convierta en el jefe del clan. Entonces no será a mí a quien gobierne, sino a los que un día lo expulsaron.

En el fondo Malmo admiraba a Yaloj, suavizó el semblante y trató de condescender.

—Yaloj, tú vivirás mucho tiempo.

—La muerte escoge sus víctimas, no los vivos.

3

EL hombre miró a su hijo con una desconcertada severidad. Ya no era el crío que soportaba cabizbajo una regañina. Ahora tomaba decisiones capaces de afectar a la familia entera. Le sabía muy mal haberle dicho a voces que se olvidara de él si pretendía no ser marino. Era su hijo único y desde niño le había inculcado la idea de un día seguir la tradición familiar que arrancaba en la guerra de Flandes, y reverdecer la estirpe de lobos de mar, algo frustrada por su culpa. Don Fernando servía a la marina en el puerto, pero desde aquel maldito accidente en alta mar había abandonado para siempre a su querido cuaderno de bitácora, donde, día a día, registraba las incidencias de la navegación. Ahora se conformaba con hacer anotaciones y firmar papeles, si bien era cierto que dirigía la aduana en Santander, un puesto de alto rango y bien remunerado, nada le hubiera resultado más grato que dar la orden, agitando los brazos y silbato en mano, de que levaran las anclas. Es que la vida parecía habérsele ensañado, alejándole a él primero del mar y ahora, Ignacio, que no quería por ninguna razón viajar a Cartagena.

Aquello era terriblemente angustiante para un hombre que había entregado su vida al mar y su devoción a su familia. Observó de reojo a su esposa y como para que se enterara bien del tema le preguntó al joven.

—¿Es cierto que en El Brillante estuviste a punto de liarte a golpes con el ayudante del farmacéutico?

—¿Y no te contaron nada más? —comentó Ignacio, despreocupadamente, con un chocante airecillo de reto.

Don Fernando apretó los dientes. En otro momento eso hubiera bastado para montarle un número. Pero estaban en el comedor tomando el desayuno y, sin duda, los tiempos lo habían vuelto más cauto con su hijo.

—¿Y eso te parece poco? —insistió, arrugando la frente.

Ignacio esta vez se volvió hacia doña Gertrudis y descubrió en ella una mirada de sobresalto.

—Ese hombre se portó de la manera más grosera con una joven...

La madre, entonces enterneció la cara con ese aire de solidaridad que siempre reconfortaba a Ignacio.

—¿Fue realmente grosero? —le preguntó.

—Sí, gritarle de esa manera a una chica angustiada que iba a pedir una medicina para su padre, es mucho más que una grosería.

El padre comprendió que su juicio había sido apresurado, reflexionó un poco y dijo:

—Tienes razón, Ignacio, un acto como el tuyo ennoblece.

Doña Gertrudis recibió con agrado la rectificación de su marido y notó que Ignacio estaba resplandeciente, la conversación lo había elevado.

—¿Contento?

—Estoy feliz, mamá —hizo un prudente silencio por si sus padres le preguntaban la razón, pero ellos sólo se limitaron a mirarle con curiosidad, algo sorprendidos—. Os contaré que he conocido a una chica encantadora.

Don Fernando medio se atragantó.

Miró a doña Gertrudis. Ella también se mostró sorprendida.

—¿No será la misma por la que estuviste a punto de pelearte en el bar?

—Sí —aseveró con toda rotundidad el joven.

Se cruzaron miradas de sorpresa.

—Es muy bonita —dijo Ignacio.

Don Fernando movió la cabeza.

—En mis tiempos nuestros amores tenían el encanto del anonimato y el silencio... hoy todo se pregona.

—Padre, con todo respeto, eso era en la prehistoria —sonrió Ignacio—. Además no hay tales amores, la he conocido y nada más —a don Fernando se le encendieron los carrillos y volvió a guardar un prudente silencio—. A propósito, hoy por la tarde iré a verla a su finca de Puente San Miguel. No os preocupéis si me demoro algo.

—¡Jesús, qué prisas tienes! —se alarmó doña Gertrudis.

Ignacio aspiró con fuerza el aire salado y tibio del mar que se filtraba por la ventana abierta de su habitación. Una agradable sensación de paz y plenitud se apoderó de su cuerpo y sintió ganas de mirarse como buscando la posibilidad de agradar.

El espejo ovalado, de un grueso y noble marco de pan de oro, que había visto las caras de varias generaciones, le devolvió su figura delgada pero de notable porte atlético. Ignacio se peinó y repeinó con sumo cuidado, mirándose de un lado y otro y ensayando de vez en cuando una sonrisa o un aire grave, hasta que por fin quedó satisfecho y salió rápidamente.

Cruzó el patio de la casona y se internó en el potrero. Se acercó a un manso caballo bayo, le acarició las crines y le puso una silla. Ajustó las bridas, montó y salió cabalgando por el portón.

Le aguardaba un día muy largo de principios de septiembre. Por esas fechas el sol derramaba su brillante luz por las costas del Cantábrico hasta pasadas las nueve de la tarde y el viento norte, transformado en tibia brisa, disimulaba su furia.

La joven que leía a su padre unos recortes amarillentos guardados cuidadosamente en un grueso álbum, sentada junto a la ventana, descubrió que Ignacio había atravesado el amplio jardín y se aproximaba.

Sintió que se le encendieron los colores y su padre, que dormitaba con los ojos entrecerrados notó el cambio, por el tono de voz, que adquiría un leve acento diferente.

—¿Pasa algo? —le preguntó y se irguió un poco en el lecho.

—Sí. Viene el chico que conocí el domingo —dudó la chica y la voz se le quebró por unos segundos— y yo no sé...

—María —le dijo don Marcelino— cómo no vas a

saber si tú le has dado tu consentimiento para que venga a visitarte.

—Es cierto... —María se retocó el peinado y se alisó la falda.

—Recíbele. Yo bajaré dentro de un momento.

—Padre, el médico te pidió reposo absoluto.

—A ese chico le debo un agradecimiento. Tuvo un gesto de auténtico caballero al dar la cara por ti, María.

—Ahora descansa, luego subiremos a verte —y la chica sonrió entusiasmada.

Corrió hasta el espejo a darse unos toques al cabello y bajó deprisa las escaleras. Se asomó por la ventana y pudo contemplar, sin ser vista detrás de la cortina, la silueta del mozo que le inspiraba una creciente simpatía.

Por lo general, en esa casa no se recibían visitas desde el gran escándalo que provocó en el pueblo las acusaciones de los académicos franceses, que pusieron en duda la honestidad intelectual de don Marcelino y rebatieron sus teorías científicas.

No faltó alguna amiga de María, compañera de juegos infantiles, que también se alejó, mientras crecía la soledad agravada por la enfermedad de su padre.

Del murmullo y el cotilleo callejero pasaron al casi ostracismo en que vivían. Luego sucedió la huida a Madrid en busca de amistad y paz, pero también allí llegó la maledicencia de la gente y la persecución fue obstinada. Don Marcelino optó por dejar el mundo científico, las amistades más o menos esquivas y elegir, de nuevo, el regreso a Santander para refugiarse en la casona de su finca de Puente San Miguel.

La puñalada por la espalda vino cuando había descubierto algo realmente grandioso para la cultura universal y presentó al público su hallazgo. Primero le aplaudieron y luego se le rebatió totalmente hasta tachársele de fantaseador, mentiroso y falsificador.

Su existencia se transformó en una débil llama que se consumía, protegida por el amor de su hija y los jirones de vida robados a la medicina, cuando el mal se volvió irreversible.

María era muy consciente de la gravedad de su padre. Había asumido con total seriedad la evolución del mal y pese a su juventud nunca se derrumbaba. Sólo cuando don Marcelino dormía, la joven caminaba entre los jardines y lloraba en silencio.

Y sola, reflexionando mucho, con el padre moribundo y la ausencia de las amistades, daba rienda suelta a su pena. Hasta que la fría brisa le entumecía las piernas y volvía apresuradamente a casa, a prodigar cuidados al enfermo con la abnegación del verdadero amor filial. Por eso, recibir la visita de un amigo, tenía un especial significado para ella.

La silueta de Ignacio se dibujó velozmente en el aire cuando de un ágil salto desmontó del caballo. Antonio, el mayordomo, que también le había visto llegar, se le aproximó, charló brevemente con él, tomó las riendas del caballo y se alejó hacia el establo.

De un par de zancadas, el chico llegó hasta el portal de la casa y cuando estaba a punto de tocar, María le abrió la puerta.

Ignacio sonrió complacido y le ofreció ambas manos a manera de saludo.

—Hola —dijo ella, y estrechó las manos, gruesas y tibias, del joven—. Te vi llegar y salí a recibirte.

María parecía emocionada, al rubor de los primeros instantes cuando descubrió al visitante le sobrevino una arremansada calma. Ignacio la miró detenidamente, ahora estaba pálida y ojerosa, estuvo a punto de preguntarle si algo le pasaba pero consideró prudente aguardar a que ella misma se lo contara.

—Pasa —le instó María—, me agrada mucho que hayas venido.

—Yo también tenía muchas ganas de verte.

Ignacio paseó los ojos por el salón. Había cuadros de noble firma que alternaban un espacio con algunas variedades pictográficas de plantas y especies de animales diminutos. Y, de nuevo, sus ojos encontraron unos dibujos neorrealistas de bisontes, caballos y extraños animales, que, al joven, volvieron a parecerle de un pintor francés de moda. Grandes estanterías y al fondo un mueble de escribanía de caoba, modelo regente, a tono con un gran reloj de péndulo que cadenciosamente contaba los segundos de esa hermosa pero recoleta casa donde el tiempo parecía haberse detenido.

María le invitó a sentarse y notó que un leve sudor le abrillantaba la frente.

—¿Te apetece beber algo? ¿Tal vez un café?

El chico dudó un instante.

—¿Tienes una menta poleo?

—Sí, muy buena y muy tierna, mi padre cultiva plantas aromáticas en el jardín.

—Y él, ¿cómo está de salud?

María no quiso decir que seguía malo, aquello le parecía que daba mala suerte.

—Hoy está de buen talante.

Ignacio se tomó la menta con deleite. Se contaron muchas cosas mientras avanzaba el día.

—¿Puedo saludar a tu padre? —le preguntó Ignacio.

—Sí. Es posible que se haya quedado dormido. Subiré a verle un momento.

María cruzó el salón y subió las escaleras.

Pasaron varios minutos y la chica no volvía. Ignacio se sintió nervioso pero aguardó, sin decir palabra, observando con curiosidad desde su butaca los alrededores. Las grandes cortinas recogidas, el péndulo incansable, la luminosidad de los jardines y la extraña sensación, de soledad e ingravidez, que acompañaba aquel día al campo santanderino.

De pronto sintió los pasos lentos de María que descendía la escalera y la vio aparecer, como en medio de una visión, que arrancaba desde los pies y subía, lentamente, mientras iba agrandándose su figura hasta llegar a la cara. Fue una imagen que Ignacio jamás pudo olvidar. La joven bajaba rígida y cuando, por fin, consiguió mirar a los ojos del muchacho, dijo tenuemente:

—Dios mío, Ignacio, mi padre acaba de morir —quiso decir algo más, pero pareció que las palabras se le ahogaron en los labios. Trató de seguir caminando y cayó desmayada a medio escalón del suelo.

Por primera vez, Ignacio fue muy consciente de la impotencia humana frente al infortunio. Abanicó el rostro de la joven, le dio leves cachetes en la cara pero ella no despertaba. Pensó en el hombre que acababa de morir y una mano de hielo le oprimió el corazón.

Salió a la puerta y a grandes voces llamó al fiel Antonio. Él acudió de inmediato.

—¿Qué pasa señorito? —dijo.

—Don Marcelino ha muerto y María se ha desmayado —balbuceó Ignacio.

Antonio tembló. Cerró los ojos y en el acto le rodó una lágrima y se santiguó con toda devoción.

—Pobre don Marcelino, ahora podrá descansar en paz —comentó y fue deprisa hasta donde estaba María. La tomó de los hombros y la movió con fuerza—. ¡Señorita, señorita, por favor, despierte!

—Despacio —le pidió Ignacio—, puedes hacerle daño.

Antonio no le contestó.

—Señorita, por favor...

María abrió los ojos sorprendida, miró a Ignacio, y abrazó al anciano mayordomo.

—¡Dios mío! ¿Cómo puede ser posible? —dijo como ida.

Luego se llevó las manos a la cara y lloró amargamente.

—Noooooo —gritó la mujer—, ¿cómo pueden arrancarme a mi hijo y expulsarlo para siempre del clan? ¿Acaso no han dicho que es un héroe, acaso no han visto que con sus propias manos y sin la ayuda de nadie ha matado al gran bisonte?

Corrió al lado de su marido, se aferró a su tosco abrigo de pieles y lo sacudió con fuerza.

—¿Qué te falta para detenerlos? —le increpó—. ¡Es tu hijo y algún día podrá ser el jefe del clan! —le miró con los ojos extraviados de dolor—. Dime, Yaloj, cómo vas a permitir que hagan eso, si es un joven tan distinto que ni siquiera sabe bastarse a sí mismo.

—Si no sabe tendrá que aprender, es la ley de la vida.

La mujer tiró su esponjada cabellera hacia la espalda y se aferró a los brazos del hombre.

—¿También es ley de vida que los débiles sucumban sin remedio ante los fuertes?

—¡Mi hijo no es débil! —protestó Yaloj, orgulloso, luego agrandó los ojos entre el dolor y la desesperanza, y dijo—: ¡Nadie a su edad ha matado solo a un gran bisonte!

—No es débil, tienes razón... pero es un chico diferente. Tiene algo en las manos, en la mirada, que puede captar cosas y atraparlas luego en la roca desnuda —la mujer hizo un breve silencio como si también meditara sus palabras—: es diferente hasta en la capacidad de decir cosas nuevas con las mismas palabras viejas.

—En el clan no queremos gente diferente, necesitamos quien ayude a cazar y recolectar provisiones para que no mueran los niños y los viejos.

—De acuerdo, pero por eso no podemos echar a quien nos necesite y mucho menos si es nuestro propio hijo.

El hombre estaba pálido y tenía todas las arrugas de la cara fruncidas:

—Es la ley, es la costumbre. Rek es culpable de la huida del bisonte, se ha alejado de la caza y si no la encontramos tal vez muchos mueran en este invierno por esta causa... ¡La ley es la ley y tiene que cumplirse!

—¡Entonces me iré con él, es mi hijo!

El hombre endureció aún más sus facciones.

—La ley dice que la mujer que abandone a su marido y se aleje del clan deberá morir, y si tú insistes el consejo será inflexible —bajó la mirada, cogió las manos de su esposa—. Mi rostro parece de piedra pero mi corazón sangra porque se irá mi hijo, mujer, por favor, no me obligues a llorar también por ti.

—Señores, la muerte no perdona —dijo Imanol, el ayudante del farmacéutico; mostró su sonrisa farisea y miró a sus contertulios de El Brillante.

Nadie festejó su humor estúpido. Por contra, las miradas se volvieron duras, casi agresivas.

—Perdón —dijo entre dientes—, la verdad es que no quise ofender a un muerto... que en paz descanse.

Jugaban al dominó y siguieron moviendo las fichas en silencio. Efectivamente, la sombra de un muerto aleteaba sobre la ciudad, pero no era un muerto cualquiera. Don Marcelino fue siempre un hombre bueno, muy aficionado a la ciencia, al que un día le llegó el deshonor y la repulsa.

—Finalmente, lo mató la soledad —comentó el juez.

—El deshonor —dijo don Jacinto, el dueño de la farmacia—. La soledad mata, amigo, en cambio el deshonor algunas veces puede ser tan secreto que irá arañándote el alma durante toda la vida.

—No es el caso de don Marcelino —dijo el juez—, lo suyo pudo haber sido un error, pero me parece que nunca hubo mala intención.

—¿Y por qué usted no dijo eso en su momento? —le preguntó don Jacinto—. Ahora ya es demasiado tarde.

—Y cómo lo iba a decir, yendo de puerta en puerta o convocando a todos en una plaza y pregonando la autenticidad de su afirmaciones —se agitó al hablar, aspiró con fuerza—. En Santander nadie le hizo un juicio, las blasfemias vinieron de fuera y el boca a boca funcionó. Por ejemplo, el ayudante de su farmacia, el joven Imanol, no sabía muy bien de qué se trataba, pero era uno de los grandes impugnadores del difunto. ¿Se enteró de que hace unos días, aquí mismo, no sólo se contentó con negar unas medicinas a la hija de don Marcelino sino que también la ofendió?

—¿Y eso no es un delito, juez? —intervino el dueño del bar.

—Nadie hizo una denuncia formal, era domingo, el muchacho no tenía la llave y dijo que no había el producto.

—Pero volviendo a lo anterior, si usted presumía inocencia, juez, ¿por qué no se acercó y mantuvo su amistad con él?

—Yo nunca rompí mi amistad con don Marcelino, desde lo que sucedió en Portugal, él se alejó de nosotros...

—¿Portugal? Yo creía que el escándalo había venido de Francia.

—Se fraguó en Lisboa pero el golpe vino desde París.

Dieron las nueve campanadas en la catedral de Santander, el juez apuró el café que tenía entre las manos, se puso de pie y dijo:

—Bien, señores, debemos irnos, la ceremonia de la inhumación será al mediodía.

Para concurrir a la ceremonia se preparó todo el clan. Primero se reunió el consejo de ancianos y, apelando a un antiguo ritual, entonó una misteriosa canción para exorcizar a los malos espíritus. Luego se ataviaron con elegancia y con pasos lentos y cadenciosos se dirigieron hasta la morada del jefe.

Al paso de la comitiva se unieron todos los hombres, las mujeres y los niños. En la puerta de la tienda de Yaloj, el anciano Valmín golpeó con su cayado el suelo y exclamó:

—¡Yaaaloj! ¡Es tiempo de cumplir nuestra ley! —su voz sonaba cavernosa, pero firme.

El padre de Rek los aguardaba en silencio, sentado sobre una gran piel de oso, la misma que obsequió a su mujer para conquistarla, la misma sobre la que Rek había dado los primeros pasos, la misma que con amor acunó a su esposa y a su hijo en las heladas noches de invierno y le acompañaba en su largo peregrinaje desde las frías tierras del norte hasta esas bellas campiñas cercanas al mar.

Yaloj acarició la mullida piel de oso y pensó en su extraño hijo Rek. Lo feliz que hubiera sido verle convertido en su sucesor. Pero todos sus proyectos resultaron fallidos y llegó el trágico momento de cumplir la ley: quien atentaba contra la supervivencia del clan sería expulsado y si retornaba debería ser eliminado.

Yaloj planeaba convertir a Rek en un extraordinario cazador, como era él, heredero de toda la ciencia de sus antecesores, pero el joven no quería saber nada de la caza, prefería quedarse contemplando el cielo cuando atardecía, mirar a los pájaros y a las mariposas o los bichitos de colores. Luego pensó que, tal vez, casándolo con alguna chica emprendedora del clan, podría haber sentado cabeza y ante la necesidad de alimentar a su familia cambiaría, pero también se equivocó. Rek puso los ojos en Belaya, otra chica frágil, delgada y lánguida, y, para colmo, hija de un hombre que pertenecía a otro clan, con la que nunca podría contraer matrimonio en buena ley.

Tenía la certeza de que cuando Rek mató al gran bisonte y se convirtió en héroe del clan por unos días, la muerte del animal no se debió a su astucia, ni a su fuerza, había sido prácticamente un accidente, un recurso desesperado, porque, días después, el joven dijo sentir mucha pena por el bisonte muerto y que nunca más tomaría una lanza.

No, definitivamente, jamás su hijo podría ser el nuevo jefe del clan. El deshonor había traspasado las fronteras de la tierra y había llegado hasta el mundo de los espíritus, por eso a los ancianos sabios no les quedó otra alternativa que expulsarlo. Pero, pese a todo, Yaloj descubrió, en ese momento, que a quien más quería en el mundo era a Rek, su único hijo. Sintió pena de que fuera tan difrente a los demás.

—¡Yaaaloj! ¡Es hora de cumplir nuestra ley! —volvió a sonar la voz cascada pero vigorosa de Valmín, el anciano mayor del clan.

Yaloj despertó como de un sueño. Se frotó la cara, se puso en pie. Miró en rededor suyo y comprobó que estaba completamente solo.

—¿No me oyes, Yaloj? —sonó desde fuera la voz del anciano.

Yaloj caminó hacia la puerta, salió y levantó ambas manos. Al verlo se calló la gente.

—¡Mi hijo no está!

Hubo un desconcierto general y se alzaron algunos murmullos en contra suya, que se perdieron en el anonimato de la multitud.

—¡Si alguien duda que pase a buscarlo! —se enfrentó, sin titubear, a quienes no creían en su palabra.

Malmo se adelantó y sin dirigirle la mirada a Yaloj caminó a su morada y penetró en ella. Hubo un silencio total mientras permanecía dentro.

—¡No está! —dijo al salir.

—Será peor si lo escondes —dijo el anciano Valmín—, si alguien lo halla merodeando por los alrededores podría darle muerte.

—Lo sé —dijo Yaloj—. Yo mismo ignoro a dónde ha ido.

—¿Está enterado que debe abandonar nuestro clan para siempre?

—Sí, se lo he dicho.

Malmo se dirigió al anciano mayor.

—¿Qué debemos hacer ahora?

—Cumplir la ceremonia como si Rek estuviera junto a nosotros —le respondió sin vacilar.

Caminaron, sin prisas, como si escoltaran a un prisionero, con una especie de recogimiento que demandaba la presencia colectiva, hasta la colina desde donde se divisaba el mar y se podía ver el horizonte a muchos kilómetros.

Con la mirada puesta en la distancia, el anciano mayor dijo al clan que expulsaban a Rek porque, engañado por los espíritus malos, había atrapado a un bisonte en la piedra y esa era la causa del alejamiento de la caza.

—No debe regresar nunca y si lo hace su pena será la muerte —insistió con voz firme.

Se disponían a volver al poblado cuando, a lo lejos, aparecieron dos puntos que se movían, pausadamente, sobre la arena.

—¡Mirad, alguien viene!

—Son dos personas.

—Deben pertenecer a algún clan extraño.

—¿Los acogeremos?

—Habrá que ver qué quieren —comentó el jefe del clan.

Poco a poco los puntos lejanos fueron creciendo. Eran dos mujeres las que se acercaban.

—Las acogeremos pero sin olvidar jamás que son forasteras —dijo el anciano Valmín.

Y con cierta curiosidad el clan aguardó la llegada de las desconocidas.

Las siluetas se definieron y alguien gritó.

—¡Son Belaya y la mujer de Yaloj!

—¿Qué pasa? —se dirigió el anciano Valmín al jefe del clan—. ¿Acaso esas mujeres tampoco saben que no deben alejarse de nuestro territorio? ¿Acaso no están enteradas de que por hacer esto pueden ser también castigadas y hasta expulsadas?

A Yaloj le dio un vuelco el corazón. Tuvo un extraño presentimiento y sin decir nada a nadie corrió para dar alcance a su mujer.

Cuando llegó junto a ella, sudoroso y muy agitado, le preguntó casi a gritos:

—¿Has perdido el juicio, esposa?

—No —respondió ella—. Nunca he actuado más en mis cabales.

—¿Por qué estáis aquí? —les increpó.

La mujer le miró profundamente.

—He venido a despedir a mi hijo —contestó, se dirigió con la mirada a Belaya y añadió—: Ella también, porque ama a Rek y su corazón sangra, igual que el mío.

—Pero, os pueden expulsar del clan, os pueden castigar...

—Que hagan lo que quieran, ya tengo medio cuerpo sin vida —dijo la mujer, sin inmutarse.

Belaya quiso hablar algo pero su cara demudada tembló y sus ojos se llenaron de lágrimas.

—No llores —le dijo Ignacio—, en mí tendrás siempre un buen amigo.

María se cubrió la cara y siguió llorando en silencio.

Mucha gente se había dado cita en el cementerio. De lejos llegaba el doloroso doblar de una campana y el silencio se volvió sobrecogedor.

Todos habían fallado en algo. Un mismo sentimiento de culpa aleteaba como cuando las mariposas persiguen el último rayo de la tarde tratando infructuosamente de morderlo. Estaban quienes habían dudado, quienes corrieron la bola y la maledicencia se extendió como una mancha de aceite, también estarían por ahí quienes agregaron más cosas a las que ya se decían, quienes se gozaron de la tragedia ajena y del hombre caído en desgracia, pero también los otros a los que les faltó coraje para decirle a don Marcelino que no creían en esas habladurías.

Todos sufrían la desaparición del hombre que ahora, en vilo, suspendido su ataúd por los cuatro costados, descendía a la tumba, a su descanso final. Flotaba en el ambiente como un cargo de conciencia que habían traído hasta el cementerio y trataban, de alguna forma, de hacer más llevadero ese último adiós.

Los sepultureros acabaron su tarea. Un forastero

carraspeó fuertemente para llamar la atención y ser escuchado. Cuando el silencio era casi total dijo:

—Don Marcelino Sanz de Sautuola era un hombre bueno... y lo digo no porque ahora ya no esté con nosotros sino porque realmente lo fue. Pocos como él contribuyeron tan vigorosamente a conservar nuestro patrimonio cultural como ilustre miembro de la Real Academia de la Historia y a estudiar con amor su flora y su fauna. Yo vengo desde lejos a darle este adiós definitivo y a ratificar mi fe en él, en cuanto escribió y dijo, y en todo lo que descubrió para la gloria de esta tierra... — hizo un leve alto, se acercó a la fosa y mirando los despojos que allí yacían le dejó caer una rosa roja y añadió—: ¡Querido amigo y maestro, descansa en paz!

4

LA primera noche fue muy dura.

Oyó cómo latía el mar, con sus olas inquietas, en la oscuridad, y, una vez más, se preguntó si existía una verdadera razón para que lo echaran de esa manera.

—¡No! —se respondió a sí mismo y tomó una resolución—: si me ignoran, también yo debo olvidarlos para siempre.

El día había caído violentamente y la negrura creció cotidiana y sola. Apenas oía, de rato en rato, el lejano aullido de un lobo intranquilo y la respuesta desamparada de un búho agazapado en algún lugar ignoto.

Rek había caminado toda la jornada y al anochecer se derrumbó como una piedra, pero no durmió de un tirón. Estuvo oyendo el rumor del mar, abierto como una cueva sin fondo, y los recuerdos se le agolpaban y se le superponían. Durmió poco, inquieto, con la sola tibieza del cuerpo de *Vara* acurrucado a sus pies.

Despertó cuando el sol aún no había llegado, pero

ya clareaba la aurora y una brisa fría le tenía entumecido medio cuerpo.

Empezó a tiritar y se acomodó debajo de su piel de bisonte; era todo cuanto traía de equipaje. *Vara* se despertó y aguardó, sigiloso, junto a los pies del chico.

Pensó en Belaya y recordó a su madre. Sintió unas ganas irrefrenables de gritar, pero, al final, no lo hizo.

—Pronto habrá luna nueva —le había dicho su madre en el momento de la despedida—. Camina sin alejarte de la costa hasta la próxima luna llena. Permanece allí durante el verano y luego busca una cueva donde pasar el tiempo de la nieve. Yo convenceré a tu padre para emigrar a esa zona en la primavera y, si el Gran Espíritu quiere, volveremos a encontrarnos.

Después de un largo invierno suceden muchas cosas. Los más débiles mueren y los odios bajan la guardia. Entonces, tal vez, sería posible una reconciliación.

Rek caminó, esa larga jornada, pegado a la costa. Casi al atardecer llegó a un lugar donde una especie de lengua de tierra, en forma de breve colina, se introducía mar adentro. El muchacho subió a la cima, presuroso, y disfrutó contemplando el paisaje.

A mediana distancia la playa se angostaba para dar paso a rugosos farallones que chocaban de lleno con el mar encrespado y, hacia el fondo, los acantilados soportaban el empuje de las olas entre festones blancos de espuma.

Descendió de la colina satisfecho. Se tendió al filo del agua, mientras la brisa alborotaba su largo pelo, y el viento fresco hacía más llevadero el calor.

Vara jugueteaba por los alrededores y, cuando ya atardecía, descubrió que se movían unos pequeños promontorios de arena, en la quietud de la playa. El perro fue a por ellos y, de improviso, echó el morro hacia atrás mientras unas grandes tenazas entrechocaban en el aire.

Rek corrió a ver qué pasaba y encontró unos cangrejos grandes y gordos. Cogió dos, los mató con rapidez y disfrutó de una cena apetecible.

Esta vez la noche cayó lenta, incendiada por las brasas de un crepúsculo bermejo.

Y así estuvo caminando durante varias jornadas hasta que un día contempló a lo lejos, sobre la playa, algo que parecía una especie de gran casa blanca, con las paredes arqueadas y transparentes, sostenidas por una especie de muros cóncavos como los árboles desnudos cuando los azota el viento norte.

Se acercó sigiloso y para su asombro, en el horizonte, aparecieron varias más de esas misteriosas casas blancas y translúcidas.

Vara ladró nervioso. Un repentino temor sacudió a Rek.

—¡Cállate! —le ordenó el muchacho—. Pueden ser espíritus que duermen y si nos pillan, nos matarán.

Vara siguió ladrando y corrió a darles alcance. Rek persiguió un buen trecho al perro para tratar de cogerlo y evitarle males mayores, pero fue inútil. El chico se tumbó al suelo y esperó ansioso para ver qué sucedía con su compañero.

Vara llegó hasta donde reposaban los extraños objetos y se metió dentro de ellos sin ninguna dificultad. Ladró entusiasmado y hasta trató de morderlos.

Rek cerró los ojos creyendo que le había llegado la

hora a su perro, pero *Vara* continuaba ladrando y corriendo de un lugar a otro, juguetonamente.

Aguardó temeroso, y nada. Al muchacho no le quedó otro remedio que aproximarse y, a medida que se acercaba, descubrió los restos totalmente blancos de sol y descarnados de un grupo de gigantescas ballenas.

Sí, era un cementerio de ballenas. Posiblemente muy antiguo, puesto que los huesos estaban absolutamente limpios.

Rek había oído a su padre hablar de los grandes cetáceos marinos. En sus travesías, los cazadores desde lejos las veían lanzando sus grandes chorros de agua. Recordaban haber encontrado los huesos tremendamente grandes y varados, como ahora, en alguna remota playa solitaria.

El perro continuó su aventura dentro de la descomunal osamenta, con mucho alboroto. Sin duda, no se trataba de espíritus de seres fantásticos. Al ver que *Vara* jugaba, sin el menor respeto, entre los huesos, las espinas y las vértebras fosilizadas, Rek dejó el zurrón con su piel de bisonte y se metió a explorar el vientre esqueletizado. Encontró que la parte de la cola podía convertirse en una vivienda estratégica, sería como especie de mirador y zona de descanso.

El joven se tumbó sobre la playa, miró a su perro y le dijo:

—*Vara*, aquí viviremos durante el verano, y cuando llegue el otoño iremos en busca de un cueva para no morirnos en invierno.

En la noche Belaya volvió a su pensamiento y entonces sí sufrió. Estaba enamorado de esa chica, no se lo había dicho nunca pero ella lo sabía. Comprendió que algunas veces una mirada tierna puede significar tanto como muchas palabras de amor. Recordó sus gestos, su manera de andar, su mirada serena, sus ojos tristes y llenos de lágrimas cuando se abrazaron por última vez y tuvieron que decirse adiós.

—Volveremos a vernos, Belaya —le dijo el muchacho—, no sé cuándo ni cómo, pero estaremos juntos de nuevo.

Luego cerró los ojos y se quedó dormido dentro del gran vientre de la ballena.

—¿Y toda esta tragedia por un bisonte? Es como para no creérselo.

—Bueno, hombre, un bisonte solo no, digamos una pequeña manada.

—Oye, aunque fueran veinte o cincuenta, no es como para llegar a tanto.

—Tampoco el número importa, fue la verdadera significación y su valor científico los que entraron en juego. Su autenticidad rebatía los planteamientos tradicionales y no hay peores retrógrados que unos científicos ultraconservadores, que no se renuevan —la chica aspiró para seguir adelante con una energía insospechada—. Ignacio, la vida es un cambio permanente y los científicos, quienes deberían entenderlo mejor, no lo suelen comprender.

El muchacho no supo qué contestar y se quedó contemplando el biselado perfil de la joven.

Ella correspondió a su mirada y luego dirigió los ojos hacia el mar, encendido de azul y rumoroso.

—Tú has sido testigo del triste epílogo —comentó resignada.

En la distancia chilló una gaviota solitaria.

Había llovido por la mañana y después del mediodía huyó la niebla barrida por la brisa. Hacia el atardecer salió el sol y el cielo estaba diáfano, con esa cegadora luminosidad plateada, nada frecuente, por el frío y la lejanía.

Los días pasaron rápidamente y creció la amistad entre Ignacio y María.

Muchas veces, Ignacio estuvo tentado de preguntarle la historia secreta del escándalo, pero su prudencia le aconsejaba que ese tema llegaría solo, en su momento. El joven tenía muy claro que la presencia del bisonte misterioso era la causa de todos los trastornos de esa familia. Aun cuando le roía una gran curiosidad supo ser cauteloso y evitó algún comentario que pudiera herir los sentimientos de María.

Las caminatas por la playa se sucedieron y como el joven había presentado a la chica a sus padres, doña Gertrudis congenió inmediatamente con María y algunas veces se las vio pasear juntas por la playa.

Una de esas tardes en que empezaba a caer el verano y los jóvenes paseaban solos, Ignacio puso una cara de circunstancias, alarmante.

María descubrió en el acto el mensaje de su rostro.

—Te noto algo triste , Ignacio. ¿Pasa algo malo?

La primera intención del joven fue decir que no, que todo iba como antes y no debía preocuparse. Pero a María ese cambio le parecía inusual y era notorio que algo le ocurría a su amigo, y decidió insistir. Finalmente, Ignacio habló:

—¿María?

—Dime.

—Es que no sé cómo decírtelo —se puso nervioso.

La chica sonrió levemente. ¿Podría ser Ignacio tan tímido?

El muchacho titubeó. Esbozó una sonrisa forzada y luego se puso muy serio.

—María, yo... —y se atascó de nuevo.

—Sí, ¿tú qué?

—Son varias cosas, no sé por cuál empezar.

María hizo un silencio prudencial.

Ignacio no se atrevió.

—Anda, dime lo que tengas que decirme... y yo sabré comprenderlo. Si tienes alguna novia que te aguarda en alguna parte, o tienes que marcharte, házmelo saber, que ya veremos cómo nos apañamos para continuar nuestra amistad.

Ignacio enmudeció. Tragó saliva y se quedó de una pieza, como la célebre estatua de sal de Ruth.

—No me espera ninguna novia —dijo con rotundidad—, es que...

—Bueno, hombre, dilo.

María hizo un breve silencio y le vino en el acto a la memoria la mañana aquella en que Ignacio desafió a un bravucón, entonces su figura había alcanzado para ella la talla de un gigante; sin embargo, por unos instantes, ahora le pareció un crío bueno.

—Dentro de dos semanas me iré de Santander sin decírselo a nadie... bueno, sólo a ti...

—No entiendo...

—Mi padre cumplirá su palabra... no quiere oír nada sobre mis estudios de medicina y se ha negado totalmente a darme su ayuda. Ayer me amenazó con encerrarme en mi habitación hasta que reflexione y me marche a la academia naval de Cartagena, entonces le mentí, le dije que iba a pensarlo. Se alegró, me dio un abrazo emocionado y yo me sentí fatal sabiendo que le engañaba, por eso saldré hacia Madrid... sin que lo sepa nadie, ni mi madre.

– ¿Y tú crees que será posible?

—Sí, tengo algunos ahorrillos, y luego me buscaré la vida, como sea, y estudiaré, no tengo alternativa.

—Me gustaría decirte dos cosas. La primera que te felicito porque tu vocación sea así de inquebrantable y sin duda la culminarás, pero la otra es que no debes irte como un furtivo. ¿Tú sabes el dolor que le causarás a tu madre si lo haces? Vamos hombre, coméntaselo a ella y seguro que te echará un cable.

Permanecieron unos segundos sin decirse palabra. Sus corazones latían con fuerza y casi podían oírselos.

—No lo sé, tal vez al menos mi madre tendría que saberlo —miró los ojos de la chica y le pareció verlos serenos, pero tristes—; María, no sabes cuánto valoro tu amistad.

—Para mí también tu amistad es inapreciable —dijo ella—, pero si no hay alternativa y tienes que marcharte, no te preocupes, ya sabes quién soy y dónde vivo.

—¡Una miserable mentira! —dijo el muchacho.

A Rek le habían dicho que si no se enterraban los restos de los animales, sus espíritus acosarían a los culpables hasta darles muerte. Pero eso era una mentira. Y lo descubrió sin querer, a la mañana siguiente de su arribo al cementerio de las ballenas.

Según la creencia del clan, esa misma noche, los

espíritus lo devorarían. Pero llegó el alba, fresca de brisa marina, y Rek se despertó por los ladridos de *Vara*, que perseguía gaviotas cerca de la playa.

La resaca había dejado pequeños moluscos sobre las arenas húmedas y las aves se daban su primer banquete de amanecida.

Rek miró hacia todas partes algo turbado. Sintió hambre y eso fue lo que le hizo pensar que aun cuando había dormido en el vientre de una ballena, continuaba allí tan vivo como en la víspera.

—Puras mentiras, *Vara* —dijo y sonrió—. Según Malmo y los ancianos yo ya debería estar en el mundo de la vida latente, viajando sin descanso hasta el final.

Desde muy joven, algún extraño instinto natural lo impulsaba a pasar por alto ciertas creencias de los hombres del clan y ahora empezaba a comprobarlo.

A su mente vino la imagen de su padre y sintió por él una extraña mezcla de cariño y de rencor. Su obligación era cumplir los mandatos del consejo de ancianos pero también como jefe del clan podía haber impedido de alguna manera su expulsión.

—Belaya —dijo, y sintió desasosiego.

Se puso de pie y trotó casi por el filo del agua que lamía la playa y le tocaba los pies. Eso le proporcionó una paz infinita.

Sin embargo, desde el fondo de su alma un temor desconocido le invitaba de manera permanente a la reflexión.

—¿Y si esta noche viniese el espíritu de la ballena? —se preguntó una y otra vez y, finalmente, tomó la decisión de pernoctar fuera de la gran osamenta.

Cuando ya era noche cerrada, cambió de idea y volvió al vientre de la ballena.

—Si ha decidido matarme será implacable hasta dar conmigo —se dijo—, estando aquí le ahorraré la molestia de buscarme.

Poco después se quedó profundamente dormido.

La noche transcurrió sin ningún contratiempo y llegó el nuevo amanecer, luminoso y fresco.

Transcurrieron varios días y no pasó nada.

—Debe de ser mentira —dijo Rek, una y otra vez.

Su casa provisional, en la cola de la ballena, le servía de atalaya y refugio. Hasta allí no llegaban las mareas, por altas que estuvieran.

El aislamiento del clan no le preocupó mucho al chico. Desde siempre había buscado estar solo para dar rienda suelta a su permanente curiosidad por los secretos de la vida.

Cuando los bisontes se asentaron muy cerca del clan, él los observaba a prudente distancia y analizaba sus movimientos, uno a uno. Buscaba los pequeños detalles, el sentido de la existencia de aquellos descomunales bóvidos.

Se había preguntado muchas veces por qué los bisontes tenían barbas, por qué sus cuernos son tan cortos y casi ensortijados, y esa jiba tan pronunciada en su espalda y esa mirada en alerta a medio camino entre la mansedumbre y la desconfianza. Qué diferentes los ojos del bisonte herido de muerte, que por más que quisiera no podía olvidar.

Los demás hombres del clan frente a los bisontes sólo pensaban en una cosa: matarlos a lanzazos, celebrar un gran banquete y luego enterrar sus huesos en una ceremonia ritual.

También el tema de la muerte obsesionaba a Rek.

Una mañana, cuando *Vara* era muy pequeño, apareció muerta su madre dejando tres cachorrillos, y los pobres, que apenas habían abierto los ojos, lloraban desesperadamente de hambre. Rek sintió la presencia de la muerte y la angustia de que alguna vez le faltara algún ser querido. Desconsolado se lo contó a su padre. Yaloj observó a los cachorrillos.

—Son muy jóvenes, en pocos días se morirán sin la leche materna —dijo y a los dos que sostenía entre las manos los mató en ese mismo momento.

Rek se volvió para no verlos, sintió mucha pena, cogió al perrillo que quedaba y escapó con él.

—¡Yo lo cuidaré! —gritó enfurecido—. ¡Aunque tenga que darle de mi comida!

Su madre le ayudó y aun cuando durante los primeros días el pequeñín estuvo a punto de morir, lograron salvarle la vida con cariño y cuidados.

Vara se convirtió en su mejor amigo y desde entonces Rek estaba convencido de que se podía salvar a un animal de la muerte con un poco de buena voluntad.

Rek meditó mucho sobre la costumbre del clan de que el entierro de los huesos de los animales servía para revivirlos. Era, posiblemente, una mentira de los mayores, igual que cuando él los pintaba en las cuevas y le decían que ahuyentaba la caza.

Pensó mucho sobre todo eso y tomó una resolución muy seria, rompería definitivamente con esas ideas del clan y se alejaría de la playa. Se internaría tierra adentro por la parte rocosa. Tal vez encontraría alguna cueva donde seguir pintando sobre la roca desnuda. Era una especie de necesidad que le nacía del alma, tanto como respirar o llevarse algo a la boca de cuando en cuando.

Lió sus bártulos. Se despidió de su casa del vientre de la ballena y partió hacia la zona rocosa.

Antes ya había sentido esa sensación, pero esta vez la tuvo muy nítida. A medida que Ignacio crecía le parecía como si fuera cada vez menos hijo suyo. No es que él la dejara de querer, al contrario, el chico era cada día más gratificante y bueno con ella. Pero como había dicho la abuela y la abuela de la abuela, el corazón de madre no engaña y ya se dejaba sentir ese desasosiego. Sin duda tendría que marcharse de casa, a otra ciudad, para estudiar, pero no a hurtadillas.

—Mi deber es contarle a tu padre que piensas marcharte —dijo sin que las lágrimas que asomaban a sus ojos impidieran su decisión.

—Pero antes me habías prometido no decirle una palabra de lo que te iba a comentar ahora.

Doña Gertrudis se llevó el pañuelo a la cara para borrar las lágrimas antes de que rodaran por sus mejillas.

—Es que pensé que tus palabras no entrañaban tanta gravedad.

—No soy un crío madre... y no voy a permitir que mi padre me imponga algo que detesto.

—Ignacio, tú le dijiste que ibas a pensártelo.

—Esta es mi última decisión.

—Vas a perder todo su apoyo —dijo elevando el tono de la voz—. ¿Sabes lo que eso significa?

—Trabajaré en lo que haga falta, no seré ni el primero ni el último.

—Eso suena bonito pero es muy duro, ¿sabes?

—Soy consciente de ello, madre. ¿Alguna vez has trabajado fuera del hogar para mantenerte?

—Nunca lo necesité... y nunca desobedecí a tus abuelos.

—Yo, sí... y tendré que aprender —movió la cabeza con toda intención—, lo mío no es una desobediencia, es mi vida futura y una realidad que quiero asumir.

—Admiro tu pertinacia, Ignacio, ojalá te vaya bien.

—Madre —le replicó cariñosamente—, si te hace sentir mejor, cuéntale a papá toda la verdad.

—¿De qué verdad se trata? —sonó en la puerta la voz de don Fernando.

Hijo y madre intercambiaron miradas de sorpresa.

—Padre —dijo Ignacio mirándole a la cara—, he decidido marcharme de casa dentro de una semana...

Don Fernando se quedó de piedra, no supo qué decir.

—Iré a Madrid a estudiar medicina.

—¿Es tu decisión definitiva? —atinó don Fernando.

—Sí.

—Ignacio, ven... dame un abrazo —y abrió los brazos vigorosamente.

Sin recuperarse de su asombro, el chico caminó hacia él con los brazos extendidos.

—Eres un cabezota, pero te quiero —se estrecharon con fuerza —, sabía que te ibas a ir de todas maneras y nada me dolería más que empezaras a dejar de quererme...

Se le cortó la voz a don Fernando, y sobre sus mejillas, curtidas de sal marina, se deslizaron unas lágrimas ardientes. Hacía muchos años que no lloraba.

—Yo te quiero padre, pero... —dijo Ignacio.
—Calla, hijo. Yo nunca podría negarte nada.

—¿Eso significa que te apoyará en todo?
—Sí, María.
—Y que dentro de siete días partirás, porque tú lo quieres, en busca de cumplir tu sueño —la chica lo miró emocionada—. Debería estar triste porque me encanta tu amistad, pero me alegro.
Caminaron, como de costumbre, por el paseo marítimo. La mañana estaba resplandeciente.
—¿Has oído unas habladurías que hay sobre la historia de los bisontes y mi padre?
—Hay cosas que no vale la pena darles crédito. Yo soy tu amigo y lo demás no importa.
María sintió que los carrillos se le incendiaban del enfado. Estuvo tentada en decir alguna palabrota. Recordó algo que su padre le había dicho, si estás enfadada antes de responder cuenta hasta diez y si estás muy enfadada, vuelve a contar.
—El querer ignorar es también una forma de duda, ¿verdad? —Le reprochó con aspereza.
Ignacio reaccionó en el acto.
—Perdón —le dijo—, no oír significa no darles el menor crédito.
María sintió que había exagerado. Trató de ser más cauta.
—¿Te apetece saber cómo fue toda esta historia?
Ignacio se quedó quieto. No se lo había preguntado ni le había hecho la menor insinuación. Volvió su cabeza para mirar los ojos de María y ella, serena y altiva, aguardó la respuesta del muchacho.

—No te la he preguntado —dijo con firmeza, —pero si tú deseas contármela, hazlo.

María le refirió que su padre desde siempre se había dedicado a la investigación de la naturaleza y las plantas. Había conseguido aclimatar algunas especies forestales como el eucaliptus. Pero su gran deslumbramiento ocurrió cuando viajó a París y descubrió algo impensable para la estética de su tiempo: que los hombres prehistóricos tuvieran la suficiente sensibilidad para ser artistas geniales.

—No lo entiendo —dijo Ignacio.

—Mira, el hombre primitivo según los evolucionistas era un poco más que un mono y por lo tanto tan torpe como él. En consecuencia, también su arte debió ir evolucionando poco a poco, con el tiempo. Para quienes pensaban así, el arte de hace 15.000 años debía de ser muy rudimentario. Pero mi padre vio en Francia unos antiquísimos huesos tallados con figuras de ciervos y bisontes, pero grabados con tanta naturalidad y belleza que, a simple vista, parecía que hubieran sido hechos muy recientemente. Fue así como se aficionó por los restos prehistóricos. Aprovechó unas cuevas del cuaternario que hay en la provincia de Santander y se dedicó a explorarlas. Por esos días un aparcero suyo le indicó que había encontrado en una cueva cercana a Santillana del Mar y muy cerca de allí, unos huesos parecidos a los que mi padre cuidaba como un tesoro. Sin pérdida de tiempo acompañó al peón y encontraron la cueva en una pequeña ladera disimulada del exterior por unos pequeños matorrales.

—O sea, no fue tu padre quien descubrió la cueva de Altamira.

—No. Fue un aparcero llamado Modesto Cubillas.

—En el fondo eso poco importa.

—Es verdad, lo cierto es que comenzó a explorarla y encontró buena cantidad de fósiles pequeños muy antiguos.

Entonces ella tenía ocho años. Era una niña que admiraba mucho a su padre. Recuerda haberle contemplado, en silencio, con la cabeza apoyada entre sus manos y meditando sobre los huesos que encontraba, consultando viejos libros o escribiendo a sus amigos de Madrid y de París sobre las cosas que iba descubriendo.

Sin duda, Altamira estaba llena de misterios. Un día don Marcelino retornó emocionado. Había hecho una larguísima inspección a la cueva y descubrió que estaba dividida en una especie de grandes salones y pasadizos muy anchos, pero casi pegados al suelo.

—¿Y eso le producía felicidad?

—Qué curioso, yo también pensé lo mismo... En realidad, le producía felicidad la dimensión y la relativa facilidad con que podría realizar la exploración. Yo insistí muchas veces en acompañarle y aunque la empresa no entrañaba un gran riesgo, él se negó. Pero insistí tanto que, finalmente, cedió.

—Un padrazo, ¿verdad?

—Sí. Dentro de la cueva de Altamira yo estuve merodeando junto a mi padre hasta que me aburrí. En un descuido suyo tomé una linterna y decidí caminar por mi cuenta entre las galerías, hasta que me cansé y me recosté sobre el suelo mirando al techo... Entonces contemplé un extraño espectáculo. Sobre la roca viva, me pareció ver a una gran manada de reses muy reales, en diferentes posiciones y con colores tan vivos que me asusté y fui desesperadamente en busca de mi padre. «Bueyes padre, hay muchos bueyes en el techo», le dije. Fue a verlos y al descubrir el gran panel del techo, lleno de pinturas polícromas conservadas maravillosamente, quedó deslumbrado... Ahí empezó toda la tragedia —dijo María, hizo un breve silencio. Miró de soslayo a Ignacio.

—Si deseas no me cuentes más.

—No. Quiero que lo sepas todo de mis labios.

Don Marcelino frecuentó la cueva hasta que consiguió con muchas fatigas hacer minuciosos dibujos del gran mural del techo donde había más de dos docenas de bisontes.

—Lleno de ilusión escribió un libro y juntos íbamos a la imprenta de Santander. Caminábamos por el paseo marítimo mientras aguardábamos las pruebas y la impresión definitiva del libro. Cuando estuvo listo lo envió a muchos lugares. La primera respuesta fue muy emocionante. Vino de Madrid, de don Juan Vilanova y Piera, nada menos que lo felicitaba cariñosamente por el trabajo y le auguraba un brillante porvenir en el mundo científico. Mi padre le invitó a que viniera aquí y así fue. Vilanova visitó la cueva y permaneció con nosotros mientras realizaba un minucioso estudio de Altamira. Se marchó y poco después invitó a mi padre a viajar a un congreso de científicos de Portugal, donde podría mostrar a todos su gran descubrimiento. Mi padre no aceptó. Tal vez por no dejarme sola y porque en el fondo era un hombre tímido. Mejor que no lo hiciera porque desde allí llegó la primera puñalada.

—¿Juan Vilanova presentó como suyo el descubrimiento?

—No. Qué va, don Juan fue siempre muy correcto. Ante el IX Congreso de Antropología de Lisboa, el sabio madrileño leyó una ponencia donde exponía con objetividad la importancia del gran descubrimiento. Los científicos en vez de respaldar su teoría, lo abuchearon, poniendo en tela de juicio todos sus argumentos y la opinión pública llegó a dudar de la validez científica del caso. Aunque parezca mentira, los diarios que mayor resonancia hicieron del supuesto escándalo fueron *El Cantábrico* y *El Eco de la Montaña*, editados en nuestra provincia, y atacaron a mi padre sin piedad. Él se lo tomó con mucha filosofía. «La ignorancia es temeraria», le oí comentar muchas veces, y quiso olvidar las ofensas. «Escribiré a los científicos de París, ellos sí sabrán valorar este descubrimiento», dijo. Se dirigió a varios que había conocido en Francia y especialmente al célebre Émile Cartailhac, y aguardó. Las respuestas no llegaron. Volvió a escribir y a insistir. Se suponía que eran científicos cuya suprema causa sería la verdad. No llegó ninguna contestación por escrito pero sí una pequeña delegación francesa. Mi padre se llenó de entusiasmo: «Estos hombres me apoyarán», me confesó. Les condujo a la cueva, analizaron las figuras y se marcharon.

—¿No dijeron nada?

—No. Sucedió una larguísima espera y finalmente un cúmulo de respuestas malintencionadas, hasta humillantes y burlonas, llenas de incredulidad. Mi padre, que tanta esperanza había puesto en la sabiduría de ciertos sabios llegó a odiarles, aun así asomó un rayo de esperanza. Le quedaba la palabra del hombre que más admiraba, Cartailhac, y a él se dirigió.

—Cartailhac, sí, el presidente de la Sociedad Científica de Estudios del Hombre de París.

—¿Le conoces?

—Sí, he leído cosas de él sobre la prehistoria. Lo tienen por una eminencia.

—Bien. Como la respuesta tardaba en llegar, mi padre le dirigió una nueva carta, casi conminatoria.

—¿Le apoyó?

—No.

—Pero entonces, ¿qué pasó?

—Es una historia triste —dijo María y sintió que los ojos se le nublaban.

Ignacio se sintió conmovido.

—Tranquila —le dijo—, estoy a tu lado.

María siguió adelante:

—Era el día de su cumpleaños. Nos habíamos reunido en casa, los parientes y amigos muy próximos, un poco para desagraviarlo de los ataques. Sentimos el ruido de una tartana. Mi padre se asomó por la ventana. «Es el cartero —dijo alborozado—, me trae la carta de Francia.» La voz le tembló por la emoción. Antonio se levantó y dijo que iba a recibirla al portal. Mi padre le detuvo: «No, iré yo mismo.» Nos dejó a todos aguardando emocionados y fue. Yo corrí a la ventana para no perderme un detalle. Abrió la carta, como un niño su regalo de cumpleaños, la leyó rápidamente, y luego la estrujó contra su pecho. Entró al salón y en vez de dirigirse a la mesa donde acabamos de empezar la comida, subió a su dormitorio. Todos se quedaron sin saber qué hacer. Sin duda, era una mala noticia. Yo subí desesperada a su habitación. Toqué la puerta y como nadie me contestaba entré. Nunca olvidaré la escena. Mi padre estaba sentado sobre su cama con las manos cubriéndose la cara como si estuviera sollozando. «Papá —le dije—, ¿pasa algo grave?» Me miró, tenía los ojos encapotados y rojos: «No hijita, todo está bien. Ahora, por favor, déjame solo.» Mientras él vivió, nunca me enteré del contenido de esa carta. Hace apenas unos días, buscando entre sus papeles, la encontré y había unas líneas subrayadas que decían: «Marcelino, no podemos persistir en la falsedad, por favor, ya no insista. Olvídese de cuevas, los fósiles y las pinturas rupestres y dedíquese a otra cosa.»

—¡Qué despiadado!—dijo Ignacio.

—Sí, yo pienso que aquella carta fue su sentencia de muerte. No se recuperó más. Sus sienes se encanecieron, su cara envejeció, su voz antes tan vital y llena de ilusiones, se volvió apagada y casi monosilábica. Sus manos que, con tanta dedicación habían hurgado eucaliptus, rosas y pequeños retazos de la vida de hacía 15.000 años se volvieron temblorosas... La desilusión fue tan grande que empezó a morir lentamente.

—¿Acaso no pensó en ti?

—Sobrevivió seis años a esa carta, Ignacio, tal vez porque me tenía a mí, sobrevivió.

5

A tres jornadas del cementerio de las ballenas, Rek divisó el valle donde un río azul crecía en un pequeño delta antes de dar sus aguas al mar. Entre colinas verdes y árboles corpulentos se abría una gran pradera fragante a pasto tierno y salvaje.

El agua del río era muy cristalina y poco profunda. En los remansos, a simple vista, unos peces grandes y gordos se movían, lentamente, como deleitándose con el frescor del agua.

—Aquí viviremos algunos días —le dijo Rek a *Vara*—. Mira, allí en esas colinas puede haber cuevas.

Rek se metió al agua, se quedó muy quieto unos minutos y luego se abalanzó hacia dentro, un pez fulguró entre sus manos y luego salió disparado hacia la orilla. Ese día la comida fue suculenta.

El crespúsculo pintó de rojo el horizonte, primero el cielo y luego el agua. Cayó la tarde y a medida que iban encendiéndose las estrellas en el firmamento crecía la noche.

Un viento frío se mezcló con los vapores del verano y dio un respiro de frescor a la tierra caldeada.

El joven se acostó cerca de la vaguada, envuelto con su piel de bisonte. Mientras trataba de dormir, la imagen de Belaya volvió a sus ojos y recordó, una vez más, cómo se habían conocido.

Sucedió cuando terminaba el otoño, dos años antes. Hombres y mujeres andaban ya muy arropados, con sus gruesos abrigos de pieles y sus toscas botas hasta medio tobillo. Arreciaban las primeras nevadas y todo el clan se había refugiado en una gran cueva.

De pronto se oyeron gritos que venían desde fuera, se agolparon a la entrada del refugio y encontraron a un pequeño grupo de forasteros que precedían a Malmo. Eran dos hombres, uno adulto y otro joven, y cuatro mujeres, dos adultas, una niña y otra jovencita.

Vestían de forma muy extraña, con atuendos atractivos, combinando formas y colores de una variedad desconocida para el clan, acostumbrado a la ropa práctica y descuidada. Este detalle despertó la curiosidad de todos.

—Merodeaban por aquí cerca —explicó Malmo—, parecen hambrientos. Los traje para que veáis que me basto yo solo para capturar enemigos.

—¿Vienen en son de guerra? —le preguntó el padre de Rek.

—No. Pero tienen hambre y querrán nuestra comida. ¡Son nuestros enemigos!

—Tal vez estén de paso.

Malmo sonrió con desprecio.

—No tienen a dónde ir, se les nota en el acto.

Yaloj se acercó al grupo y les miró con detenimiento.

—¿Quiénes sóis? —les preguntó.

El hombre adulto que parecía ser el jefe respondió con unas extrañas palabras. Nadie las entendía.

—No hablamos igual. Eso no significa que sean enemigos —reflexionó Yaloj.

—Lo mismo morirán —se apresuró a decir Malmo—, míralas las caras, lo que buscan es arrebatarnos nuestros alimentos.

Rek se aproximó al grupo y descubrió a Belaya. Qué hermosa era, sus grandes ojos azules y su pelo rubio no dejaban de brillar, y su piel estaba curtida por el frío y el sol. Sus labios resecos y cuarteados denotaban que había sufrido mucho la falta de agua y alimentos.

—Tendremos que matarlos —dijo Malmo dirigiéndose al jefe del clan—, seguramente no querrán marcharse y si los dejamos podrían escasear nuestras provisiones para cuando llegue el invierno.

—Dadles agua y algo de comer —ordenó Yaloj—, tal vez ellos mismos después quieran marcharse.

—No se irán, si no tienen comida tratarán de robárnosla... la única solución es matarlos —insistió Malmo.

Yaloj pareció ignorar a Malmo. Estaban embelesados con los vistosos atuendos de las prisioneras y el jefe del clan, las instó a traerles alimentos.

Comieron apresuradamente. Malmo los contemplaba inquieto:

—De todas maneras no pasarán el invierno con nosotros —machacó, y se alejó del grupo.

Rek volvió a mirar a Belaya y ella, entre asustada y nerviosa, reparó que el mozo no le quitaba la vista.

Cuando terminaron de comer, el hombre que parecía ser su jefe, tomó una especie de faltriquera que traía entre las manos, y ante la curiosidad de todos, la desató. Había botas de piel primorosamente cosidas y guantes mitones que nunca antes había visto Yaloj, ni nadie del clan, y una especie de cazadoras de pieles de animales confeccionadas con mucho esmero, con adornos muy llamativos. El hombre cogió un par de botas y se las ofreció a Yaloj. El jefe del clan se resistió por unos instantes a tomarlas y el desconocido insistió.

Yaloj se despojó de sus toscos calzados, hechos de piel cruda y anudados por encima y se calzó las botas. Eran altas, confortables y estaban tibias.

—¡Qué buenas son! —comentó.

Con señas, el hombre dio a entender que él y su familia se dedicaban a coserlas, pero ahora estaban perdidos y no sabían a dónde ir. El invierno les había sorprendido. Posiblemente, alguna historia más aguardaba tras la huida de esta gente.

Malmo se aproximó.

—¿Has visto alguna vez algo tan bueno y confortable? —le preguntó Yaloj.

El desconocido tomó unas manoplas de piel y se las ofreció a Malmo. El cazador no supo qué hacer con ellas. Con señas de los dedos, le indicó que debería ponérselas.

—Vamos, pruébalas —le sonrió Yaloj.

El cazador se las puso. Sintió un agradable calor en las manos y ablandó el rostro, pero inmediatamente se las quitó y las devolvió.

—Esto es para las mujeres y los niños —dijo con un aire de arrogancia—, yo soy un cazador y quiero tener siempre las manos libres —luego se marchó al interior de la cueva.

Rek se acercó a Yaloj y le preguntó:

—¿Los matará Malmo, padre?
—No —fue la respuesta contundente—, si quieren vivir con nosotros se quedarán y nos enseñarán a confeccionar esta ropa tan buena.
Y desde ese momento Belaya y su familia se establecieron en el clan.
El chico volvió precipitadamente a la realidad por un lametón de *Vara* en su mejilla. Poco después se abandonó al sueño.

Rek soñó muchas cosas que no recordaba bien. Miró al cielo y la oscuridad se había hecho más intensa. Al final sintió un gruñido lejano que se aproximaba hasta detenerse a sus pies. Era la voz insistente de su amigo *Vara*.
Y, en ese preciso momento, al chico le pareció que volvía a dormirse y soñó que se despertaba. Sintió frío y se acomodó mejor la piel de bisonte. Miró a *Vara* y también le abrigó.
El perrillo volvió a gruñir y, en medio de la neblina, del sueño y la oscuridad de la noche, el chico vio unas sombras que se acercaban hacia ellos, lenta, amenazadoramente, como en medio de una procesión.
Volvió la mirada y descubrió que los fantasmas continuaban viniendo por centenares. Rek, sobrecogido, tuvo la clara sensación de que una mano comenzó a estrujarle el corazón.
Había un silencio impresionante, pero entre el pasto fresco y el suave rumor del viento se podía percibir con claridad respiraciones fatigadas y el murmullo de las pisadas.
—Son seres de otro mundo —pensó Rek, y al

notar que las sombras continuaban acercándose, añadió—: los ha enviado el gran espíritu de la ballena.

Rek recordó las palabras del anciano sabio: «Si ofendes a los espíritus, ellos te perseguirán y por más que te escondas no te dejarán tranquilo hasta verte muerto.»

—¡Cómo quisiera que este sueño acabara! —se dijo Rek, porque, entre otras cosas, había descubierto que uno puede soñar que está soñando y despertarse de un sueño dentro del sueño.

Vara, muy asustado, apenas emitía tímidos ladridos, que más que eso, parecían unas voces lastimeras que pedían auxilio.

—¡Quieeero despertaaar! —gritó Rek, y su voz retumbó entre las misteriosas sombras, que en principio parecieron espantarse para luego volver las cabezas hacia donde procedía la voz.

En ese momento Rek se percató de que aquello no era un sueño. Estaba completamente despierto, y las sombras esas merodeaban a tan sólo un palmo de su cuerpo.

Instintivamente se cubrió la cabeza. Las sombras llegaron hasta él, olisquearon su cuerpo y siguieron su camino. Poco después, algunas se tumbaron muy cerca, tanto, que Rek podía oír el resuello, agitado y pedregoso de los seres extraños.

El muchacho sintió que le rondaba la muerte. Casi la palpaba. Si lo descubrían llegaría su fin.

Pero no. Las sombras se acercaban a Rek, le husmeaban y seguían de largo.

—Tal vez son bisontes —dijo para sí Rek, pero en el acto enmendó su suposición. Los grandes bóvidos nunca caminan de noche. No, aquéllos de ninguna manera podían ser bisontes.

Y temblando de miedo, esperó el amanecer. Pero fue un amanecer que no llegaba. Como si el tiempo estuviera inmovilizado y la noche no acabara jamás.

—Entonces, tal vez estoy dormido y todo esto no pasa de ser un sueño —dijo Rek, cerró los ojos, trató de relajarse y una paz desconocida invadió su cuerpo.

El día estaba despejado y el amanecer le pareció un prodigio. Las aves mezclaban sus voces en un alocado concierto. El cercano bosque despedía su frescor dormido durante la noche. El día se encendió poco a poco, como una lamparilla que primero parpadea entre la niebla y luego inunda con su luz.

Rek se restregó los ojos cuando ya la aurora deslizaba una breve neblina en rosa sobre el horizonte. Pronto saldría el sol.

Recordó su sueño de la noche anterior y de un tirón se irguió sobre su lecho. Miró a los costados y, pasmado, no pudo reprimirse:

—¡Oh no, estoy rodeado de las sombras!

Estaba todavía medio dormido y no distinguía muy bien lo que sucedía en torno a él. Instintivamente se cubrió la cabeza y abriendo un pequeño hueco al exterior observó incrédulo.

Cientos de bisontes, tal vez miles, recostados sobre sus patas descansaban en la pradera. Habían llegado durante la noche, silenciosamente, mientras Rek soportaba una duermevela increíble.

Desilusionado, el joven comprobó que la creencia

del clan, de que los bisontes no andaban de noche, era falsa. Pero, ¿por qué no le hicieron nada?

—No me olieron a mí —reflexionaría después—, fue a esta piel de bisonte que llevo como manta y pensaron que yo era uno de sus hermanos y no me atacaron.

Inmediatamente pensó que con la luz del día lo reconocerían y entonces sí podrían destrozarlo. Aterrado, Rek sintió un escalofrío al recordar el miedo que pasó cuando el bisonte de la cueva mantuvo atrapada a Belaya.

Juntó rápidamente todas sus pertenencias, y cubierto con la piel del bisonte, se alejó a gatas del lugar donde había dormido. Los gigantescos bóvidos lo miraban algo desconfiados, pero ninguno se le acercó.

Casi ya había encontrado la salida de la manada cuando dos bisontes rezagados se le aproximaron. Por puro instinto, Rek se quedó muy quieto. Los animales se le acercaron, le olieron dando resoplidos. El chico se percató de que el resuello de un animal con cuernos removía el corazón como un vendaval y se quedó helado de la cabeza a los pies. Las fieras volvieron a resoplar y luego se alejaron, tan mansamente como habían venido.

Cuando el sol ya había salido, la mayoría de los bisontes bajaron en grupos a la vaguada a beber del río cristalino. El único «bisonte» que iba en dirección contraria era Rek, cubierto con la piel y seguido de su amigo *Vara*.

—¿Pintaron únicamente bisontes?

—No. Ya lo veréis. Hay ciervos, jabalíes, rebecos, cabras y uros —les respondió María.

A los padres de Ignacio les hacía mucha ilusión ver de cerca la famosa cueva y fueron hasta Santillana del Mar en el carro de la familia. La pequeña expedición estaba compuesta, además de ellos dos, por los padres del chico y Antonio.

Habían salido de Santander por la mañana y llegaron antes del mediodía.Comieron cerca de Santillana y por la tarde ascendieron la colina hasta la cueva de Altamira.

Lo primero que les sorprendió fue que la boca de la cueva estuviera apuntando hacia el norte, cuando lo lógico hubiera sido que mirara hacia el este, para captar el sol. Desde allí se podía divisar el valle del río Saja.

Otra cosa que les llamó la atención fue hallar la entrada de la cueva protegida por una puerta de hierro.

—¿Está cerrada? —preguntó el padre de Ignacio.

—Sí, pero yo traigo la llave —respondió María inmediatamente—. Después de la controversia, mi padre mandó poner esa puerta de hierro para evitar que la gente o los pastores causaran daños a las pinturas.

Se acercaron a la cueva provistos de velones de cera y linternas de minero. Al traspasar la puerta, les invadió una gran sensación de paz y de sosiego. Era como penetrar a una catacumba o a una extraña morada, muy antigua. No olía a aire dormido sino a roca levemente húmeda. A los pocos metros sintieron algo de frío, un frío con sensación a piedra eterna, dormida y reposando allí desde hacía muchos siglos.

—Mi padre decía que aquí la temperatura se mantiene a catorce grados durante todo el año —dijo María.

Arribaron a un gran salón y siguieron, porque lo que buscaban estaba aún más adelante.

No se habrían adentrado ni treinta metros dentro de la gran cueva pero, inmediatamente, les envolvió la sensación de que ya estaban muy alejados del mundo exterior, y en vez de sentir el temor natural que podría sobrevenirles, les inundó una especie de reconfortamiento interno que les dio el valor suficiente para seguir avanzando sin apenas pronunciar una palabra. ¿Habría sido todo aquello, tal vez en el principio de la historia, una especie de templo de los hombres que varios miles de años antes habitaron, amaron y también planearon el futuro en esas cuevas?

¿En qué parte de aquellos meandros de piedra pulidos por el agua y los siglos, radicaba el gran misterio que movió al hombre a dejar su huella grabada en la desnuda espalda de la roca viva, casi palpitante?

Toda ojos y respiración anhelante, la pequeña expedición continuó internándose en la cueva de Altamira, y casi inmediatamente llegó al gran salón donde estaba el panel de los polícromos en el techo.

—Oh, parecen vivos —dijo doña Gertrudis.

—Increíble, lucen como si ayer las hubieran acabado.

—Jamás pensé que las pinturas de Altamira estuvieran en el techo —comentó don Fernando.

Allí, entre rojos de cobre, negros oscuros y brillantes como la pez, cadmios, sienas y amarillos grisáceos de la piedra, se mostraba una gran cantidad de animales de todos los tipos, tamaños y formas en una impresionante concepción del arte y exquisito conocimiento de la figura.

—Ninguna se repite —observó Ignacio.

—Mirad —dijo María—, cómo nuestros antepasados han sabido aprovechar los promontorios y salientes naturales de la roca para dar mayor dimensión a los morrillos levantados, los ijares y los músculos de los animales.

—¡Todo esto es...! —dijo Ignacio admirado sin poder encontrar la palabra adecuada.

—Magnífico, increíble, extraordinario... —murmuró su padre.

—No hay palabras para describirlo... es, simplemente, una maravilla —concluyó Ignacio.

De nuevo enmudecieron, absortos. Localizando detalles inimaginables.

María rompió el silencio:

—Descubrir esto y habérselo mostrado al mundo ha costado la vida a mi padre.

—Pero... esto hay que verlo de rodillas —comentó Ignacio.

—¡Verdad que sí! —confirmó doña Gertrudis.

—¿Qué dijeron los detractores de tu padre? —inquirió don Fernando a la chica.

—Que los hombres prehistóricos tenían un arte y una mentalidad tan primitivos que hubiera sido imposible que ellos hicieran esto.

La chica hizo un significativo silencio.

—¿Y por lo tanto? —insistió don Fernando.

—Si no lo hicieron los hombres hace miles de años debió de hacerlo alguien, recientemente.

Nadie se atrevió a opinar.

—O falsificar los dibujos y tergiversar la historia —dijo con toda intención María.

—¿Dijeron eso?

—Sí. Los más sabios... —añadió la chica, con sorna—, los que nunca se equivocan.

—¿Tu padre no podía acudir a eminencias del extranjero?

—Claro que lo hizo. Pero todos dijeron que esto era pura invención —María sintió que la garganta se le cerraba al recordar—, bueno, todos menos uno, don Juan Vilanova y Piera, un catedrático amigo de mi padre. Vive en Madrid.

Don Fernando miró al gran panel del techo y dijo:

—Dios santo, parecen tener vida, como un encierro de reses bravas, y tal vez por esto tenemos nosotros en la sangre el amor a la fiesta brava.

—No, no me perdonaron la vida, lo que pasa es que si te vas cubierto con la piel de un bisonte despides un olor familiar y los bisontes ya no te atacan —dijo Rek, mientras doblaba la piel del animal.

El día estaba despejado, y el joven decidió caminar hacia la zona donde tal vez podría encontrar alguna cueva con algunas pistas o restos de material que otros pintores dejaran sobre la paredes y los techos de esos primitivos talleres de pintura.

Recordó que cuando él se introdujo en la cueva cercana del poblado, *ya existían* allí algunas pinturas y materiales abandonados por alguien. Rek los aprovechó para ejercitar sus dibujos y luego pintar su primer bisonte sobre la roca.

Su perro ladró amistosamente.

—¡*Vara!* ¿Tú sabes cuánto darían Malmo y toda la gente del clan si supieran que cubriéndose con las pieles de bisontes podrían acercarse tanto a los animales y hacer que su cacería fuera muy buena y rápida?

El perro le miró. Olisqueó el aire y ladró entusiasmado. Sabía muy bien que su amo estaba contento y no sufría ya, y él también estaba feliz. Iba delante dando carreritas. Algunas veces levantaba una pata trasera, hacía el paso de la pata coja, y seguía corriendo lleno de alegría.

—No, no voy a volver —se dijo Rek—, dicen que podrían matarme y tal vez lo hagan si regreso. —Inmediatamente le invadió la mirada de Belaya y la sonrisa de su madre. Un rescoldo de nostalgia volvió a sacudirlo—. ¡Maldición! ¿Y cómo hago para quitarme de la cabeza que debo estar siempre pensando en ayudar al clan?

Continuó caminando y apareció de nuevo ante sus ojos la gran línea divisoria, hacia el mar, la llanura verde y escarpada, y hacia tierra adentro, la dilatada crestería de la montaña.

—¡No daré un paso atrás! —gritó Rek, y siguió camino hacia el mundo desconocido.

De pronto *Vara* paró en seco. Levantó las orejas y gruñó.

—¿Qué pasa, chico? —le preguntó Rek.

El perro volvió a gruñir detectando algún peligro.

Rek ya no recuerda más.

Cuando volvió en sí le dolía la cabeza. Quisó llevarse la mano hacia ella y no pudo. Se reincorporó y se percató de que le habían atado de pies y manos. Todo estaba muy oscuro.

—¿Estaré ciego? —se preguntó desesperado, y luego pensó que tal vez estaba de nuevo soñando.

Hizo un nuevo esfuerzo y le dolió la cabeza. Posiblemente tenía una herida.

Era de noche y poco después oyó un fuerte ronquido. Aguzó la vista y pudo distinguir a varias sombras que dormían por los alrededores.

Entonces el muchacho tuvo la certeza de que había sido tomado prisionero. Y el mundo se le abrió en forma de un agujero sin fondo. ¿Cómo salir de esa situación? ¿Y si pertenecían a un clan con hombres como Malmo convencidos de que a los forasteros se les debía matar para proteger la comida de los demás?

—¿*Vara*? —preguntó el muchacho, con la voz apagada.

El perro le respondió con un gemido.

—*Vara*, ven aquí —insistió.

Angustiado y sin poderse contener, el animal lanzó unos acuciantes gemidos y aulló.

Los hombres se despertaron en la oscuridad. Uno se sentó sobre los pellejos que le servían de cama.

—¡Si ese perro sigue quejándose, mátalo! —ordenó.

—No, por favor —dijo Rek.

Los hombres se pusieron en pie, inmediatamente, y se acercaron al muchacho.

—¿Hablas nuestra lengua? —le preguntó el que parecía mandar.

—Supongo que sí, por eso nos entendemos —respondió Rek.

—¡Qué bien! —se entusiasmó—. ¡Eso facilitará las cosas!

—No entiendo —dijo Rek.

—Tampoco hace falta —le contestó el otro y se rió.

—¿Quiénes sois, por qué me tenéis atado? —les preguntó el joven, forcejeando con las manos.

—Buscamos mancebos para casarlos con las muchachas de nuestro clan. Hay muchas mujeres y nos faltan hombres que sean listos para la caza. En pago les damos una esposa y un lugar entre nosotros.

—Tienes suerte, ya verás cómo agradeces que a ti casi todo te haya caído del cielo —anotó el otro— y, además, si tienes un poco de suerte, nuestro jefe te casará con una de sus propias hijas.

—¿Tiene varias?

—Cuatro, pero hay dos que han nacido el mismo día y quiere casarlas a las dos también el mismo día.

—¡Yo no quiero casarme!

—No te preocupes, si no te casas servirás de alimento a nuestros animales.

Rek perdió el habla.

—Basta muchacho, ahora duérmete, mañana decidiremos tu suerte.

El pobre de Rek ya no durmió el resto de la noche.

6

AL alba se pusieron en marcha. Entonces Rek supo que había también otros dos prisioneros más, ambos de mediana edad. Por sus facciones desordenadas y ropas desastradas, al parecer, provenían de un clan poco desarrollado. Hablaban otra lengua entre sí y, de vez en cuando, miraban con una notable carga de agresividad.

Después de una caminata agobiante llegaron ese mismo día a un pequeño valle donde había un poblado muy numeroso. Rek calculó que sería tres o cuatro veces más grande que el clan de su padre y también notó que había muchas mujeres.

Vivían en unas tiendas de pieles con dos o tres cúpulas de palos. Los prisioneros fueron depositados en una de ellas que guardaban varios hombres armados con lanzas. La gente no estaba famélica y había una cierta calma entre todos, eso significaba que por esos lugares la pesca y la caza debían de ser abundantes.

Esa misma noche sacaron a Rek y lo llevaron ante la presencia de un hombre mayor que, al parecer, era quien gobernaba el clan.

—Éste entiende nuestra lengua —le dijeron a modo de presentación.

El jefe lo miró escrutadoramente. Otro, que parecía ser su ayudante, subjefe o lugarteniente, se acercó a Rek y comenzó a palparle los músculos del pecho y de los brazos.

—No parece un buen cazador —opinó arqueando una ceja.

—Si no sabe aprenderá —contestó el jefe.

—¿Y quién lo mantendrá hasta que aprenda?

—Su mujer...

El ayudante siguió escrutando a Rek como quien sopesa un animal recién cazado.

—Creo que lo mejor es tirarlo de alimento a nuestros perros.

Rek cerró los ojos. «En ninguna parte falta un Malmo», dijo entre los dientes.

—¿Qué murmuras? —le preguntó con desprecio.

—Que la carne humana es mala para los perros, se les cae la piel —mintió Rek, tétricamente.

—¿Cómo lo sabes?, ¿en tu clan hacen eso?

—No. Pero lo he oído contar a los viejos.

—Humm, eres un chico listo... un chico que tiene los músculos flojos pero que sabe cosas.

—¿Eres buen cazador?

—No.

—¿Pescador?

—Tampoco.

—¿Qué haces entonces?

—Miro y pienso.

—¿Y puedes vivir de eso?

—Sobrevivo.

—¿No sabes hacer alguna otra cosa?

Rek se puso muy serio.

—Sí.

—Qué es.

—Atrapar a los animales sobre la roca.

—No entiendo.

—Voy por el mundo en busca de unos colores que necesito para atrapar a los animales en las paredes de las cuevas.

El ayudante del jefe se enfureció.

—No le hagas caso —dijo al jefe del clan—, este muchacho debe de estar poseído por algún mal espíritu. —Luego se le acercó, le pegó los labios al oído, y le dijo muy bajito—: Pero no debemos perderlo, la gente así, anda en tratos con los espíritus y tienen facultades que podemos aprovechar. Éste no es un muchacho común y estoy casi seguro que de algo nos servirá.

—Quizá pueda ser un buen marido para Bilda —dijo el jefe.

—Tal vez.

—¿Quién es Bilda? —preguntó Rek.

—Mi hija mayor —respondió el jefe y, en el acto, llamó a grandes gritos a la muchacha.

Y al poco tiempo apareció ella. Era una simpática bolita de carne.

Rek sintió que se moría. ¿Cómo podría convertirse en marido de una mujer que no amaba?, se preguntó sin salir de su asombro y deseando que aquello fuese otro de sus sueños raros que algunas veces lo incomodaban.

Bilda se aproximó. Sonrió. Tenía unos dientes muy grandes y duros. Escrutó con los ojos entrecerrados al prisionero. «No ve bien», se dijo Rek. Ella volvió a sonreír con el mayor desenfado de la tierra.

El muchacho tembló de puro miedo.

Bilda sí podía ser una gran cazadora, tenía unas manazas grandes como porras y rollizas como troncos de un árbol...

—¿Te gustaría ser su mujer? —le preguntó su padre.

Bilda volvió a mirar a Rek como quien analiza un juguete.

—¡Uggg! —dijo de improviso la muchachota, asustó a Rek y el desconsolado prisionero dio un salto.

Bilda soltó una carcajada, luego paró en seco.

—¡No me gusta! —dijo muy segura de sí—. Éste posiblemente no sirve ni para cazar pajaritos.

Y luego abandonó la tienda.

Rek tragó saliva, sudaba frío, pero sonrió.

Ignacio, sus padres y María bebían café en el salón de la casa de don Marcelino, en Santander. Don Fernando preguntó:

—¿Cómo es que nunca antes nadie descubrió la cueva, si estaba, digamos... tan a mano?

—Se lo explico —dijo la chica—. La boca de la cueva permaneció cerrada durante varios siglos. Mi padre decía que, posiblemente, algún deslizamiento de tierras la clausuró. Hace diez años, cuando la descubrió nuestro aparcero, fue otro movimiento de tierra lo que la dejó de nuevo al descubierto. Por esos días buscaban unas minas y hacían frecuentes voladuras con explosivos, una de ellas reabrió la boca de la cueva. Eso también explica la casi perfecta conservación de las pinturas.

—¿Es cierto que los científicos franceses piensan

que la cueva era visitada por pastores poco antes del descubrimiento de las figuras?

—Sí. Y algunos insinúan que mi padre o alguien, muy recientemente, pudo haberlas pintado.

—Son suposiciones...

María se irguió, miró sin pestañear al dubitativo padre de Ignacio, y respondió.

—Suposiciones no, se trata de la más absoluta falsedad y, ¿sabe usted por qué, don Fernando?

—No.

—Porque esas pinturas las descubrí yo, y fui yo quien se las mostró a mi padre.

Todos hicieron un respetuoso silencio.

Ignacio terció:

—Me espera un largo camino hasta Madrid.

—Pobrecillo mío —dijo doña Gertrudis.

La chica también lo sentía. Después de mucho tiempo había conseguido un amigo verdadero que supo escucharla y comprenderla, pero llegó el momento en que el joven debía viajar a la capital de España para comenzar sus estudios.

Ignacio miró significativamente a María y luego a sus padres.

—La causa de María también es la nuestra —dijo con notable serenidad—, cuando llegue a Madrid me entrevistaré con el profesor Vilanova y buscaremos los medios que demuestren la autenticidad de las pinturas de Altamira.

—¿Eso no servirá para remover las cenizas del infortunado don Marcelino y para que haya gente que se preste a seguir echándole lodo? —preguntó doña Gertrudis.

—Posiblemente —asintió María—, pero ya el daño

está hecho —la chica se dirigió a Ignacio—: Agradezco tu hidalguía, pero que esto no signifique un compromiso para ti.

—De ninguna manera —contestó Ignacio—. Buscar la verdad nunca es un compromiso.

—Pero... —se cortó María.

—No te preocupes, jovencita —se atusó los bigotes don Fernando—. Ignacio siempre nos ha dado satisfacciones.

—¿Y qué piensas hacer? —preguntó doña Gertrudis dirigiéndose a su hijo.

—La verdad siempre triunfa, madre.

—¿Bilda? ¿Bilda?

Ella siguió su camino como si no la llamara nadie.

—¡Bilda, te he dicho que vengas! —gritó enfadado el jefe del clan.

Con la majestad que tienen las personas al caminar, cuando se sienten importantes, Bilda dio media vuelta y retornó hacia la entrada de la tienda donde le aguardaba su padre.

—¡Aquí estoy! —dijo ella, sin inmutarse.

—He pensado que lo mejor será que te cases con el mozo ese —tenía la cara muy seria y gesticulaba de un modo autoritario—. Así lo retendremos en el clan y pronto se convertirá en un buen cazador...

Bilda escuchaba con los ojos entrecerrados, como a medio sueño, pero esas palabras la despertaron.

La muchachota sonrió.

El padre ablandó su gesto y esbozó una leve sonrisa. Al verlo, su ayudante también se mostró más distendido.

—¡No y no! —gritó Bilda—, si quieres casarlo, que se case con una de mis hermanas —dijo, y se alejó rápidamente.

Rek, que lo había oído todo, no se lo podía creer. Nadie lo había despreciado de esa manera, pero él se sentía muy feliz.

Se despidieron frente al mar como hubieran querido siempre.

Por mutuo acuerdo no hubo reproches, ni promesas, ni juramentos.

Ignacio tomó entre las suyas las manos de María y las besó.

—Siempre quise conocer a una chica como tú y ahora que la encuentro tengo que dejarla.

—Es la vida, Ignacio, no tenemos que correr sino hacerle frente.

—Ya, pero cosas así marcan y duelen.

—A mí también me lastiman, mas la vida tiene que seguir.

—¿Cuándo volverás?

—Para las fiestas de Navidad.

—¿Me escribirás?

—Sí. Te prometo que...

—Habíamos dicho que nada de promesas.

—Tienes razón.

—Si es problemático para ti hablarle de mi padre al profesor Vilanova, no lo hagas.

—No. No es ningún problema. Es simplemente la necesidad de que le hagan justicia a un hombre.

—Desde ahora cuenta con toda mi gratitud.

—Sí, María, lo sé.

Caminaron por el paseo marítimo hasta casi el atardecer sin decirse apenas nada. La brisa era húmeda y el cielo comenzó a encapotarse. Posiblemente llovería al llegar la noche.

De pronto el muchacho tomó de ambos brazos a la chica y le preguntó:

—¿Pensarás en mí, querida amiga? ¿Podrás esperarme?

—Sí.

—¿Cuánto tiempo?

—El que haga falta.

Una lágrima rodó por la mejilla de Ignacio. Estaba enamorado de María pero no se lo dijo.

Ella cerró los ojos, se puso tensa, pero no lloró.

—Siempre te tendré presente —dijo al muchacho, le besó en la mejilla y soltándose delicadamente de sus manos se alejó.

Ignacio partiría hacia Madrid al amanecer del día siguiente.

Por esos días, nadie sufrió tanto como Rek. Sospechaba que Bilda no se casaría con él, sin embargo, lo que resultaba desesperante era estar preso.

Al parecer, el jefe del clan consiguió dos candidatos para el matrimonio de sus hijas mellizas y se preparaba una especie de gran fiesta para cuando fueran entregadas oficialmente a sus maridos, que, por aquel entonces, eso significaba una boda.

Así se lo había comentado el hombre que guardaba la puerta de la tienda, donde lo tenían cautivo. Rek permanecía solo. Los dos hombres que vinieron con él habían desaparecido.

En algún momento, el joven se propuso atacar al único guardia y fugarse. Pero, de inmediato, pensó que eso de agredir a un hombre hasta dejarlo sin sentido o quién sabe si matarlo, no iba con él. Había visto en su clan cómo alguien después de un golpe muy fuerte en la cabeza quedó ahí, tieso para siempre.

—¡Eh muchacho, ven! —le dijo en tono confidencial el guardia.

Rek fue hacia la puerta y se puso en cuclillas con la mirada puesta hacia el exterior.

—La boda de las hijas gemelas del jefe del clan será mañana y claro, también tú te casarás.

—¿Con Bilda?

—Eso dicen.

—Lo sé. Era por preguntar algo. ¿Y con quiénes se casarán ellas?

—No lo sé.

—¿Y los dos hombres que vinieron conmigo?

—Han muerto.

Rek dio un salto.

—¿Qué pasó?

—Intentaron fugarse.

—¿Y por eso los mataron?

—Nosotros no.

—¿Entonces?

—Se cayeron solos en una trampa para jabalíes... nuestro territorio está lleno de trampas y escapar es muy difícil.

—Hay algo que no entiendo —dijo Rek.

—Si puedo te lo explicaré.

—¿Por qué me mantienen prisionero?

El hombre se rió.

—No te preocupes, ya no será por mucho tiempo.

Mañana te entregarán a Bilda. Ella se encargará de cuidarte hasta que te acostumbres, y vivas con nosotros, y caces para el clan y el clan sea tu casa.

—Ahora entiendo —dijo Rek, y se tiró sobre el suelo de la tienda.

Esa gente no le entendería nunca. Rek no quería ser cazador, ni vivir con Bilda. Pensaba en Belaya y en su clan. Ahora, cuando una increíble amenaza se cernía sobre su cabeza quiso más que nunca tener a alguien que le ayudara. Sintió unas ganas incontenibles de gritar y llorar, pero pensó que de nada hubiera servido. La desesperanza invadió su espíritu y se quedó allí, mirando los palos del techo, sin atinar a tomar ninguna decisión.

Pronto oyó los ronquidos del hombre que custodiaba la entrada y notó que todas las viviendas del clan se adormecían en el más cómplice silencio.

Rek caminó a gatas para no ser oído. Sacó la cabeza hacia afuera y descubrió con sorpresa que el centinela estaba dormido, pero que otros dos hombres permanecían sentados junto a él, en actitud de alerta.

Salir de allí resultaría imposible.

Estuvo varias horas meditando y después de darle vueltas al asunto llegó a una resolución.

—Aunque me casen a la fuerza me fugaré en cuanto pueda.

Poco después, en medio de la oscuridad, oyó un gemido de uno de los dos hombres y luego, casi inmediatamente, del otro.

Se puso en pie, se asomó a la puerta y vio que era Bilda en persona.

El chico retrocedió instintivamente y ella avanzó muy decidida...

Rek pronto quedó arrinconado contra la pared de pieles de la tienda. Bilda sacó detrás de ella un garrote grueso y tosco como una porra.

—¿Te casarás conmigo? ¡Dime la verdad! —dijo la muchacha.

Rek comprendió que había sido su garrote el que había puesto fuera de combate a los guardianes de la puerta. Sintió que el cuerpo comenzaba a transpirarle y no supo qué hacer.

Rek cerró los ojos. Apretó los dientes.

—¡No! —le dijo—, si quieres dame un golpe y mátame ya.

Bilda dejó caer el garrote.

—Eso me gusta —dijo—, yo tampoco hubiera podido soportarte como marido.

Rek no sabía qué decir.

—Me alegro —masculló por fin.

—He venido a obligarte a que no te cases conmigo pero como tú también estás de acuerdo, te ayudaré a escapar.

—Hay muchas trampas.

Bilda se rió.

—Los hombres cazan, las mujeres hacemos las trampas. Las conozco todas, no te preocupes.

Bilda tomó la mano de Rek y sin mayor comentario se lo llevó hacia fuera.

—Bilda, ¿podría llevarme a mi perro *Vara*?

La muchachota sonrió:

—Sabía que me lo ibas a reclamar. Lo tengo escondido en la salida del poblado y tu piel de bisonte también.

—Bilda, eres muy buena, pero yo nunca te podré querer —le confesó al ver la actitud generosa que demostraba.

Ella se paró en seco. Miró a los ojos de Rek y le dijo:

—Tú también me caes bien, pero para mí eres como una ranita.

Entonces Rek descubrió otra cosa, aquella chica era realmente muy ágil y sabía evitar con gran cuidado los lugares por donde podrían estar colocadas las trampas.

Ya casi al amanecer arribaron hasta la parte de la entrada del breve acantilado que luego se unía al bosque. Rek podría huir con facilidad caminando únicamente en la dirección contraria.

—Bien —dijo Bilda—, hasta aquí te acompaño, en adelante ya no tendrás problemas. Escapa lo más rápido que puedas y como hoy día estarán todos ocupados no saldrán a buscarte. Mañana ya no le importarás a nadie.

—Gracias, amiga —dijo Rek.

—Yo también tengo que darte las gracias —le dijo ella, y le dio tal estrujón contra su cuerpo que crujieron los huesos del fugitivo.

7

EN Madrid, Ignacio vivía en uno de los últimos números de la calle Fuencarral en el castizo Chamberí. Ocupaba un piso mediano comprado por don Fernando cuando a principios de su carrera de funcionario ejerció en la gran ciudad. El maestro Vilanova y Piera residía en la misma glorieta de San Bernardo, no muy lejos de allí.

Fuencarral desembocaba en la glorieta de Quevedo y luego a mano derecha se prolongaba hacia un descampado, que terminaba en unos manantiales, donde las doncellas madrileñas iban a lavar la ropa. Eso quedaba al norte de la ciudad, y allí la capital de España terminaba sus contornos urbanos.

Don Juan Vilanova y Piera era catedrático de Geología en la Universidad Central de Madrid y gozaba de un sólido prestigio en el mundo científico.

Ignacio averiguó que su apasionada defensa de la autenticidad de las pinturas de la cueva de Altamira había sido tenida como episódica por sus colegas y amigos. Muchos consideraban que «aquello» dentro de su prestigio no había pasado de ser una simple anécdota.

Algunos incluso habían visto con ojos de condescendencia el gesto de apoyar «a un oscuro entomólogo» de Santander en el caso del supuesto arte rupestre.

En el mundillo científico madrileño se consideraba que las pinturas no pasaban de ser una afiebrada invención de su descubridor, o, en el mejor de los casos, se trataban de unos dibujos recientes considerados como antiguos por la buena fe, pero ingenua, de Sanz de Sautuola.

Ignacio dialogó con uno de los discípulos del catedrático, y el aspirante a sabio, muy suelto de lengua, le dijo:

—Don Juan es así, amable y hasta casi caritativo con todos los que se acercan a descubrir los grandes enigmas de la ciencia.

—¿Caritativo? —preguntó Ignacio sorprendido.

—Hay una ley de la probabilidad que nos enseña a no desestimar la aproximación a algo que desconocemos, y, muchas veces por error o acierto, se descubren cosas. Por lo mismo, algunas veces con el ropaje de científico puede aparecer como cierto algo que no pasa de ser una invención ingenua.

—Lo de las cuevas de Altamira ni son invenciones, ni son ingenuas.

—Pero los científicos de todo el mundo lo han rebatido, ¿no te basta?

—Conozco personalmente a la hija de Marcelino Sanz de Sautuola y esa muchacha no tiene ninguna razón para mentir.

El discípulo de don Juan sonrió bonachón y permisivo:

—Querido amigo —dijo en tono falsamente académico— ándate con cuidado, dime, qué le queda a la hija de un hombre que ha sido acusado de falsario si no es reivindicar por todos los medios el nombre de su padre, además... el amor y la ciencia no siempre son categorías compatibles.

—Eso lo sabe cualquiera.

—¿Y entonces qué buscas?

—Quiero que el maestro me reciba para hablar con él. ¿No te parece justo pedirle que me escuche?

—Has tenido suerte —se puso muy serio—, pocos científicos son tan generosos y asequibles como don Juan. Veré qué puedo hacer por ti. Regresa mañana para darte una respuesta.

Y la respuesta fue que sí le recibiría.

—Extrañamente —le dijo el aspirante a sabio—, el maestro te recibirá en su casa.

—No entiendo.

—Él nunca recibe en su casa.

Era un hombre de mediana estatura. De pelo y barba moteados de blanco. Le recibió en su casa de la glorieta de San Bernardo, con toda la amabilidad del castellano culto.

—Sigo creyendo devotamente en el descubrimiento de don Marcelino y por eso prefiero tratar este tema aquí en mi casa, sin testigos.

—Se lo agradezco, profesor.

—Bien, dígame, en qué puedo serle útil.

—Verá usted... he conocido muy de cerca el drama de don Marcelino. Le he visto morir y sé cómo ha sufrido el ostracismo en su propia tierra. También conozco a María, su hija, y lucharé con todas mis fuerzas para reivindicar que se reconozca el descubrimiento de su padre.

—Don Marcelino y María son entrañables para mí —dijo el maestro, dio una suave palmada en el hombro a Ignacio—. Su propósito es muy noble, amigo, pero, en estos casos, las buenas intenciones no bastan.

—¿Qué se puede hacer?

—Insistir, investigar, cotejar informaciones y aportar pruebas irrefutables.

—Es un trabajo de especialistas.

—Evidentemente. ¿Qué estudia usted?

—Medicina.

—Bien, usted sabe más que yo, se trata de probar la inocencia de un condenado a muerte.

—Que ya murió, profesor.

El anciano suspiró.

—Lamentablemente —dijo bajito—. Lo dejamos morir sin hacerle justicia.

El maestro Vilanova y Piera volvió a hacer un silencio, y el joven también se quedó callado.

—Mire usted —dijo de nuevo el maestro—, le voy a enseñar algo —abrió una de las puertas de su acristalada librería y extrajo un grueso archivador, limpió con un paño un polvo inexistente, y lo depositó sobre la mesa de su escritorio. Sobre un legajo abultado se podía leer: «Cueva de Altamira», y debajo: «D. Marcelino Sanz de Sautuola.»

—Aquí está todo lo que yo he podido recoger sobre este caso, desde las cartas que me envió don Marcelino, poco después del descubrimiento y mi ponencia en el Congreso de Lisboa, hasta mis protestas y las misivas a los franceses Cartailhac y Harlé. Está todo.

Ignacio hurgó decididamente en los papeles, deteniéndose, de tanto en tanto, en algunos recortes de periódicos, en fragmentos de cartas y hasta en el aviso necrológico que apareció en un periódico de Santander cuando murió don Marcelino. En el obituario, como era de esperar, no se hacía la menor alusión al descubrimiento de Altamira.

—¿Puedo leerlo, maestro?

—El tiempo que haga falta. Si lo desea empiece ahora mismo.

Ignacio asintió con la cabeza.

—Entonces le dejo solo, si desea algo agite esta campanilla.

Y salió de la biblioteca, mientras Ignacio empezó a desbrozar la primera página de la historia de la cueva de Altamira.

Mientras huía a toda prisa, Rek dudó si continuaba por ese camino que le llevaba hacia el clan de su padre o si torcía el rumbo. Siguió adelante sin detenerse con el temor de que le pisaran los talones y le sorprendió la noche en la entrada del gran valle de los bisontes.

Exhausto, cansado y hambriento se tumbó a dormir en la parte alta de la colina de mediana altura desde donde se podía divisar toda la explanada.

La noche transcurrió apacible y Rek durmió como un niño de pecho.

Al amanecer, tomó la resolución de volver a la blanca casa del cementerio de las ballenas y quedarse a vivir allí, hasta aclarar bien cuál sería el rumbo definitivo que debía tomar.

Varias cosas le rondaban en la cabeza. En primer

lugar había descubierto el gran valle donde se asentaban los bisontes, y camuflado con su piel permitiría a los cazadores acercarse a la manada sin ningún problema; luego le preocupaba que al sur había un clan muy grande acostumbrado a capturar hombres por la fuerza y obligarles a quedarse con ellos. Finalmente, la añoranza que había sentido por sus padres y por Belaya mientras permaneció cautivo, la víspera de su frustrado matrimonio.

Los amaneceres junto al mar en la casa de la panza de la ballena le llenaban de una tranquilidad infinita, pero pronto empezaron a aburrirle.

Y por eso, esa mañana, después de pasarse un buen tiempo meditando, tomó una decisión, y, como de costumbre, fue su perro *Vara* el primero en enterarse.

—Volveremos al clan, *Vara*, les pondré sobre aviso de las cosas que hemos descubierto y tal vez me perdonen la vida; de lo contrario, volveremos a irnos en busca de más cuevas.

El perro ladró feliz, parecía medir los estados de ánimo de su dueño por su tono de voz.

—Nos iremos mañana al amanecer.

Fui a las cinco de la tarde y terminé a media noche —decía la carta que María recibió de Ignacio—. *Vilanova y Piera es un hombre encantador y además un verdadero científico. Me autorizó a leer incluso las cartas que tu padre le envió poco después del descubrimiento. Hay palabras muy tiernas para ti. En una parte mira lo que dice, lo he copiado textualmente: «Mi hija, mi niña pequeña, ha abierto la gran luz a mis ojos, porque no solamente ha sido ella quien me presentó a los bisontes, sino también porque toda ella, su voz delicada, sus ojos intrigados cuando me mira triste, son el gran estímulo para seguir batallando por esta causa que debiera considerarla perdida. ¿Hasta cuándo?, no lo sé. Siento que cada día las fuerzas empiezan a fallarme y cada mañana el espejo me devuelve el rostro del hombre que empezó a morir ya hace tiempo.» Imagínate, María, la severidad de tu padre contándole al maestro el gran amor que te profesó.*

Ahora no sé a ciencia cierta qué camino tomar, pero la comunicación con el maestro Vilanova y Piera me ha abierto inesperados horizontes. Me ha citado para el próximo martes, y tan pronto tengamos una estrategia a seguir ya te lo haré saber, mientras tanto recibe el recuerdo de mi amistad.

Ignacio

—No existe precisamente un tribunal de apelación, pero, al menos, con nuestra insistencia podemos conmover conciencias y estimular un nuevo interés por parte de algunos científicos.

—¿Una especie de congreso monográfico?

—Qué más quisiera yo, Ignacio, pero sería preferible olvidar ese supuesto. Sé por experiencia que cuando los científicos están juntos se alborotan fácilmente, cosa que nunca ocurre cuando en la paz de sus laboratorios reciben una carta amable que les invite a la reflexión.

—¿Y si no contestan?

—Con seguridad, a la primera no responderán,

pero seguiremos insistiendo y... ya veremos los resultados.

—¿Y cuál será mi trabajo?

—Necesito un buen secretario para nuestra campaña y tú eres inmejorable.

—Gracias, maestro.

—Bien, ahora vamos a tomar un poco de café y a charlar sobre nuestros amigos comunes.

Vilanova y Piera preparó personalmente los cafés y los trajo hasta la biblioteca. Se sentaron frente a frente, y fue entonces cuando Ignacio quiso enterarse de algo que le tenía muy intrigado.

—¿Qué pasó realmente en Lisboa, maestro?

—Fue algo muy penoso.

—¿Sería mucho pedir que me lo contara?

—No, al contrario. Entre nosotros no puede haber ningún secreto sobre este tema.

Vilanova y Piera relató a Ignacio que una de las experiencias más reconfortantes de su vida ocurrió en Santander, cuando don Marcelino le insistió para que fuera a ver personalmente la cueva de Altamira y él, que había pensado pasar allí una semana, se quedó casi tres. El trabajo que realizaron estuvo siempre rodeado de la mayor dignidad científica.

—Yo soy geólogo de profesión y puse toda mi atención y voluntad en estudiar la cueva. Te puedo asegurar, con la mayor objetividad del mundo, que aquellos restos son realmente prehistóricos y el milagro de que la cueva se tapara y estuviese cerrada por varios miles de años hasta que después fue reabierta, fue la varita mágica que conservó con toda su frescura las pinturas.

—¿Hay antecedentes de cuevas parecidas?

—De la prehistoria no. Éstas de Altamira son las primeras, por eso hay gente que no lo quiere entender, pero, en cuanto a la conservación de las pictografías de otras culturas, sobre todo egipcias y americanas, hay tumbas que fueron selladas a propósito y en el paso de los siglos, al ser reabiertas, nos hemos encontrado con que las pinturas tienen tal fuerza y frescura que parecían haber sido pintadas ayer.

Después del minucioso trabajo de Vilanova y Piera, don Marcelino tuvo la gran precaución de contrastar sus datos con los últimos aportes de la ciencia y escribió su célebre libro sobre sus descubrimientos en la cornisa cantábrica.

—Y entonces vino lo de Portugal. Me invitaron al IX Congreso Internacional de Antropología de Lisboa y yo, con mucha ilusión, preparé una ponencia sobre la cueva de Altamira aprovechando la valiosa información que me había proporcionado Sanz de Sautuola y mis propias observaciones y estudios.

El anuncio del descubrimiento de las pinturas prehistóricas concitó gran atención y cuando Vilanova y Piera empezó su exposición un impresionante silencio cubrió la gran sala de conferencias. Primero el deslumbramiento, e inmediatamente después el escepticismo total cuando el maestro madrileño mostró los calcos de las pinturas. Eran tan perfectos aquellos dibujos que los científicos optaron por no creer en ellos.

—Fue increíble. Algunos abandonaron la sala, otros me abuchearon —dijo Vilanova— con la más impertinente y reprobable conducta, me interrumpieron y no me dejaron concluir la ponencia.

—Y aparte del pecado de la perfección de los dibujos, ¿esgrimieron algún argumento para refutarle?

—No hubo ninguno. Ellos partían de una premisa archiconocida pero reaccionaria: el hombre de hace 15.000 años era un ser primitivo sin capacidad de abstracción, de pensamiento ni de plasmación artística.

—¿Usted no los refutó?

—No me dejaron hablar, amigo mío, todavía oigo la rechifla —sonrió nerviosamente—. A veces me pregunto: ¿hasta qué punto eran los salvajes aquellos hombres que allí me miraban? Cerré mi portafolios. Estaba indignado y sorprendido y pensé que, algunas veces, los más sabios pueden tener un perfecto comportamiento necio.

—Increíble...

—Recogí mis papeles, abandoné el Congreso y pocas horas después dejé Lisboa con destino a Madrid.

—¿Y lo de Francia?

—En Lisboa estaban los científicos de París, especialmente Cartailhac. Y fue él quien escribió un artículo cargado de un increíble escepticismo, y aunque tú no lo creas, querido amigo, provocado, de alguna manera, por el mismísimo don Marcelino.

—No lo sabía.

—Pues sí, al ser rebatida mi teoría, don Marcelino escribió a Cartailhac pidiéndole auxilio. Fue una acción desesperada, intentando agarrarse a un clavo ardiendo. Entonces, la comisión científica francesa viajó a Cantabria y la respuesta fue mortal.

—¡*Vara,* vuelve! —gritó Rek— ¡Vuelve!

Pero el perro no le hizo caso. Tan pronto como reconoció la proximidad del hogar emprendió una veloz carrera hacia el pequeño poblado, y dejó a Rek sin saber qué hacer, puesto que la súbita presencia del animal lo delataría.

El chico había planeado entrar al clan subrepticiamente, durante la noche, buscar a su madre y conversar con ella para que la mujer, a su vez, convenciera a Yaloj para que dialogara con su hijo.

Pero, todo se vino abajo por la impaciencia de *Vara*. El animal corrió sin detenerse hasta la vivienda de Yaloj, sin embargo, contrariamente a las suposiciones de Rek, nadie reparó en el perro. Sólo un niña pequeña que jugaba en las inmediaciones lo vio cruzar velozmente. Interrumpió su juego y fue también corriendo a su casa.

La madre de Rek descubrió a *Vara* y lo abrazó con cariño. El perro le lamió las manos, y daba grandes saltos de alegría moviendo la cola.

—¿Dónde está Rek? —dijo la mujer.

El perro seguía festejando el encuentro.

La madre salió a la puerta y al no encontrar a Rek, un extraño pensamiento le cruzó la mente.

—¿Qué ha pasado con Rek? —volvió a decir, y se quedó parada en la salida de la tienda, tratando de ver algo.

La que se acercó a toda prisa fue Belaya.

—Mi hermana me ha dicho que *Vara* ha vuelto.

—*Vara* sí, pero Rek no.

Belaya se llevó angustiada las manos al pecho.

—¿Le habrá pasado algo malo?

—No lo sé —dijo la madre de Rek y dio fuertes gritos llamando a Yaloj.

El hombre la oyó y acudió en el acto. Su esposa le puso al corriente de lo que sucedía.

—Juntaré a varios hombres e iremos a buscarlo. Si *Vara* ha llegado es posible que Rek no esté muy lejos. Puede estar herido o algo peor.

Rek, estratégicamente escondido, vio cómo su padre juntaba a los hombres hasta formar un grupo más o menos numeroso y a ellos se unieron su madre, Belaya y algunas mujeres.

El muchacho sintió mucho sufrimiento. Pensó que su propia madre había pasado la voz para que los hombres se reunieran, y eso significaba que tan pronto le dieran caza lo volverían a expulsar.

—Pero al menos me oirán —dijo Rek, y salió de su escondite.

Casi de inmediato los del clan lo reconocieron y se le acercaron. Su madre y Belaya corrieron delante de los hombres y colmaron de abrazos al recién llegado. Rek no lo entendía bien, aquello más bien parecía una bienvenida.

—Madre —dijo con la voz entrecortada—, ¿vienen a expulsarme nuevamente?

—No, Rek, los bisontes han vuelto y ya nadie cree que tú fueras el culpable.

El chico se quedó mudo.

—¿Y me iban a dejar echado a mi suerte? —preguntó al recuperar el habla.

—No, ya pronto íbamos a buscarte junto al mar como quedamos, ¿recuerdas?

Entonces llegó su padre, le abrazó y también los demás hombres del clan.

—Pareces más fuerte —le comentó su padre.

—He aprendido algunas cosas que servirán mucho a nuestro clan —dijo el muchacho sin la menor huella de rencor.

He dialogado muchas veces con Vilanova y Piera. Es un hombre que realmente admira a tu padre y además está sumamente convencido de la validez científica de las pinturas de Altamira —decía la nueva carta de Ignacio a María.

Hemos redactado decenas de cartas a instituciones de todo el mundo. Estamos apelando no solamente a las sociedades científicas tradicionales europeas, sino también a otras de fuera del continente. Nos hemos tenido que valer de algunos amigos para conseguir la buena redacción en las diferentes lenguas del planeta y ha sido un trabajo duro, sin embargo tenemos absoluta fe en que despertaremos de nuevo el interés de los especialistas. En el futuro podremos obtener un consenso de rigor científico que se aplique al análisis de las pinturas.

El maestro Vilanova cuenta en Madrid con un grupo de discípulos que al principio se mostraron algo reticentes, pero ahora han hecho suya nuestra causa y, ¿sabes, María?, estamos preparándonos para organizar una especie de simposio internacional sobre nuestro tema.

Nos interesa mucho la respuesta de las Academias francesa y germana de la Ciencia. Tan pronto tengamos alguna respuesta especial, tú serás la primera en saberlo y te la comunicaré, si es posible, mediante un telegrama. Recibe muchos recuerdos de tu fiel amigo.

Ignacio

Una tarde vino a buscar a María la propia madre de Ignacio. La chica la recibió sorprendida. Debía de ser alguna noticia poco común para que viniera con tantas prisas.

—Te traigo un telegrama de Ignacio. Fui a correos y como iban a enviártelo, decidí pedírselo a nuestro amigo el administrador y traértelo inmediatamente.

La muchacha se sintió halagada por el detalle.

—Gracias, ha hecho usted muy bien.

—Ojalá sean buenas noticias —sonrió la mujer mientras ponía en las manos de María el sobre.

—Supongo que sí —le devolvió nerviosamente la sonrisa—. Ignacio me dijo que me enviaría un telegrama si sucedía alguna novedad muy especial.

—Me alegro...

María desgarró el sobre. Leyó deprisa y su semblante fue cambiando hasta ponerse muy pálida.

—Hija, por Dios, ¿le pasa algo a Ignacio? —preguntó la madre.

—No... pero lea...

El telegrama decía:

Maestro Vilanova y Piera falleció súbitamente. Stop. Hoy fui a buscarle para remitir correspondencia y lo encontré muerto. Stop. Estoy desconsolado, María. Stop. ¿No será que también en esto tiene algo que ver el bisonte de Altamira? Stop. Ignacio.

—¿Quién era? —le preguntó la madre de Ignacio, temblorosa.

—Un científico madrileño que creía en mi padre y ahora habían empezado una campaña internacional para reivindicar su nombre.

—Oh, sí, ya recuerdo —tembló estremecida doña Gertrudis—. Es increíble.

María estrujó contra su pecho el trozo de papel, se

apartó hacia la ventana de su casa y las lágrimas la vencieron.

—¿Cómo es posible que justamente ahora pase esto? —dijo.

Doña Gertrudis se le acercó, la abrazó efusivamente y las dos mujeres sollozaron vencidas por la impotencia.

8

ESA noche brillaba una luna redonda y muy blanca. Los hombres salieron al descampado, encendieron unos troncos y, sentados en torno a la tibieza del fuego familiar platicaron.

—Los bisontes salen de las brumas cercanas al mar, buscan los valles y después de pasar en ellos unos días emigran hacia el sur, es posible que allí exista otro mar y que en él desaparezcan —dijo el anciano Valmín. Su aire era calmo y hablaba como si estuviera dando una lección. Todos le oían con gran recogimiento—. Hemos aprendido que el problema está en que son errabundos, permanecen tan poco tiempo en cada lugar que no nos llega para separar a unos cuantos y darles muerte. Los bisontes tardan en volver y por eso cuando los tuvimos a la mano y desaparecieron culpamos a Rek.

Nadie comentó nada.

Cuando Valmín hablaba, todo el clan, hombres, mujeres y niños tenían por costumbre no intervenir hasta que él mismo le indicaba, preguntando algo a alguien, ésa era una señal para que los demás pudieran participar. Mientras tanto, todos permanecían callados observando un condescendiente silencio.

Rek miró al anciano y siguió sus palabras con la mayor atención.

—Nos equivocamos al juzgar a Rek y eso debemos reconocerlo —el anciano elevó la mirada al cielo enlunado y lleno de estrellas, como buscando alguna inspiración divina—, los supremos espíritus de la vida han impulsado a Rek a volver al clan y aunque ha tardado casi tres fases de la luna en retornar, ha visto cosas que pueden servirnos mucho, por eso os he convocado esta noche, y además para olvidar que fue su bisonte atrapado en la roca lo que nos puso en sobresalto.

—¿Es necesario matar precisamente a los bisontes? —interrumpió Rek, un poco como ignorando lo que decía el anciano y tratando de llevar la conversación a otro caudal.

Los hombres le miraron sorprendidos. Rek se volvió hacia la segunda fila donde estaban las mujeres y los niños y sintió que también todos tenían clavada la vista sobre él, como queriendo reprenderle su atrevimiento por interrumpir las palabras de Valmín.

El joven estaba sentado a la derecha de su padre, muy cerca de Malmo y del anciano. Nunca había ocupado ese lugar de privilegio.

—El bisonte es bueno porque de él se aprovecha casi todo y su piel es inmejorable para el invierno —respondió Valmín, entrecerró los ojos con majestad y dijo—: Ahora habla, hijo de Yaloj, me ha dicho tu padre que tienes muchas cosas que contarnos.

El muchacho no sintió vergüenza, irguió el cuerpo hacia adelante y empezó:

—He caminado mucho, he dormido en el vientre de una ballena y luego he arribado al gran valle donde se asientan los bisontes. Allí llegan y permanecen por mucho tiempo.

—Lo véis —dijo Malmo, inmediatamente—. ¡Este muchacho está desvariando, nunca debimos permitirle hablar en el consejo de mayores!

—¡Oh! —dijo el anciano sin hacer caso a las palabras de Malmo. Miró a Rek y le preguntó— ¿y cómo lo sabes?

—Una noche cuando dormía llegaron los bisontes y yo me alejé al día siguiente. Tardé más de una fase de la luna en retornar allí mismo y cuando volví continuaban los bisontes. Había muchas hembras a punto de parir y descubrí que no se moverían por la gran cantidad de pasto que existe.

—¡Falso! —dijo Malmo—. Sólo las alimañas se desplazan de noche y los bisontes no lo son.

Rek se puso en pie. Llevaba sobre los hombros la piel de bisonte curtida por la manos de Belaya que le acompañó durante todo su viaje. Se la quitó lentamente y la colocó entre sus dos manos como para que todos la vieran, y dijo:

—Esta piel también me ha enseñado otra cosa.

Los hombres la miraron asombrados. La luna derramaba un toque azul a la piel de sus rostros y el color oro del fuego les daba un baño de ámbar y hacía resaltar las blancas córneas de sus ojos desmesuradamente abiertos.

—Acercarse a un gran rebaño de bisontes es muy fácil si uno se cubre el cuerpo con una piel de bisonte. Lo he hecho dos veces. He cruzado en medio de ellos y a lo sumo los más desconfiados se te acercan, te huelen, y se van. De esa manera los cazadores podrían aproximarse por grupos a varios de ellos y clavarles lanzas al mismo tiempo, solucionando así el problema de su rápido paso por los valles.

—Eso es imposible —dijo Malmo.

—¡Pruébalo y lo verás! —le respondió Rek.

—Cierto —corroboró el anciano—, ya dudamos una vez de Rek y hemos fallado. Ahora confiaremos en él.

—Y si nos vuelve a engañar, ¿qué le pasará? —preguntó Malmo.

—¡Yo nunca engañé a nadie! —gritó Rek— y todavía hay algo más que todos debemos saber.

—¡Habla, muchacho! —le ordenó el Valmín.

—Muy al sur hay un clan muy grande, tal vez cinco o seis veces mayor que el nuestro. Un día me raptaron y me llevaron allí. Permanecí retenido por la fuerza y estuvieron a punto de casarme con una muchacha que luego fue quien me ayudó a escapar. En ese clan hay mujeres en cantidad porque los hombres andan siempre y muchas veces no vuelven. Los que quedan capturan a los extraños y los obligan a formar familias. Muchos se quedan de buen grado, pero algunos, cuando se fugan, caen en las trampas para jabalíes y mueren.

—¡Vaya sarta de mentiras que dice este muchacho! —gritó Malmo—. ¿Trampas para jabalíes? ¿Alguno de vosotros sabe lo que son las trampas para jabalíes?

Se miraron unos a otros, desconcertados.

—¿Cómo es eso? —le preguntó el anciano.

—Muy simple: se cava un gran hoyo, se ponen dentro de él lanzas aguzadas y se cubre la boca con hojas, muy discretamente. Los jabalíes que andan siempre a la carrera caen por pares. Yo lo he visto.

—Demasiado simple, ¿y por qué no se cae por la boca el hombre que la va cubriendo con las hojas? —preguntó Malmo con sorna.

—Se teje con ramas finas una pequeña red que tapa la boca del hoyo y se la cubre de hojas que pueden resistir el peso de un hombre. Es simple. Lo que no es tan simple, es que debemos estar preparados por si esos hombres cualquier día vienen por aquí y nos toman prisioneros.

—En el bosque merodean jabalíes —dijo un cazador—, yo le invito a Rek a construir mañana mismo una trampa.

—Muy bien —intervino Yaloj—, mientras se hace la trampa podemos prepararnos para hacer un viaje al gran valle de los bisontes.

—De acuerdo —observó el anciano—. Es lo más sabio.

Malmo se levantó de donde estaba sentado. Miró con aire desafiante a varios cazadores.

—Yo no iré a ese valle porque no creo en tanta patraña —dijo, y se alejó.

Valmín se puso en pie, ceremoniosamente, y acotó:

—Rek, muchacho, yo creo en ti —se llevó las manos al pecho y tocó con las palmas extendidas la parte del corazón en señal de confianza—, iremos al gran valle a buscar los bisontes.

—¿Y qué pasa si no encontramos nada? —preguntó un cazador amigo de Malmo.

—Sería grave —dijo otro que lo secundaba—, perderemos la caza de esta temporada, no estaremos preparados para el invierno y el frío y el hambre matará a varios de nosotros.

—Si descubrimos que Rek nos ha mentido, él morirá —sentenció el anciano.

Mientras la luna blanca parecía crecer en el cielo, el fuego de los leños encendidos se apagó y de nuevo el silencio se apoderó del pequeño poblado.

—¿Por qué Belaya, por qué nadie borró mis pinturas?

—Malmo quiso destruirlas pero se interpuso el anciano —la chica caminó, alumbrada por un mechero de concha de molusco marino, hasta el centro mismo de la habitación de la cueva donde Rek había pintado el bisonte—; dijo que esto no era natural y que posiblemente algún espíritu había movido tu mano y si era así debíamos dejarlo.

—Creí que lo habían destruido —dijo Rek.

—La que está un poco destruida soy yo.

—¿Por mi retorno?

La muchacha se acercó hasta casi tocar con las manos a Rek.

—Tal vez —le dijo con el rostro congestionado y molesto.

—No lo entiendo.

—Estuviste a un paso de casarte con otra mujer y lo contaste en público a todo el clan… ¿y yo no significo nada?

—Belaya, me obligaron a que me casara. Felizmente la chica también estaba en contra... dijo que yo no le gustaba.

—Debía de estar ciega... —reaccionó la muchacha, pero inmediatamente se enmendó—, esto, bueno, me parece muy bien.

Ambos sonrieron felices. Estaban de nuevo juntos y la vida volvía a tener un sentido para los dos.

—¿Qué pasará si los bisontes se han ido del gran valle que tú has visto?

—Me matarán.

—Calla, no digas eso. Lo dices como si hablaras de comer un trozo de fruta.

—Es que ya viste que la otra vez, cuando creyeron que por mi culpa no había bisontes, me expulsaron del clan sin escucharme siquiera.

Guardaron las lámparas sobre el suelo. Se tomaron de las manos y se sentaron en el centro del gran salón dentro de la cueva. El ambiente era fresco. La oscuridad dilataba las caprichosas formaciones de la roca y se abría como la boca de un saurio gigantesco. Siguieron dialogando olvidados del mundo. Rek durante muchas horas le contó a Belaya todas las incidencias de su largo viaje.

Sin embargo, lo que ahora les preocupaba era la amenaza que pesaba sobre la cabeza de Rek si no encontraban más bisontes.

—Tengo una idea, pero no sé si tú estarás de acuerdo —dijo Belaya.

—Dímela.

—Iremos juntos, y si llegamos al valle de los bisontes y no los encontramos podemos fugarnos durante la noche, o decirles que nos expulsen a los dos del clan e irnos para siempre.

—Belaya, ¿tú sabes qué significa andar solo por el mundo?

—No. Pero ya no estarías solo, seríamos dos... tres con *Vara*.

—Belaya, eres muy buena —dijo Rek emocionado—, algún día serás mi esposa.

Al lento y dorado otoño santanderino le llegaba su fin, azotado por las frías oleadas del viento norte, que esponjaba al mar y lo agitaba contra el paseo marítimo al que de vez en cuando iba María. Pero también llegaba diciembre y en todos los hogares se encendía la ilusión de las fiestas navideñas.

María aguardaba con impaciencia el transcurso de los días. Estaba muy ilusionada con el cercano regreso de Ignacio, pero llegó una carta:

He decidido que en vez de retornar a Santander iré a Pair-Non-Pair, al sur de Francia, donde se encuentra el profesor Cartailhac realizando unos trabajos de investigación científica. Tengo en las manos la carta del profesor Vilanova y Piera que íbamos a mandarle a Toulouse la mañana en que él murió en Madrid. Pero, ahora sé muy bien que no está en esa ciudad y viajaré personalmente a dársela y sensibilizarlo un poco respecto de nuestro problema.

Lo he reflexionado mucho y aunque me duele retrasar varios días mi viaje y no verte, creo que te alegrará saber que sigo adelante en la cruzada que nos hemos propuesto.

Sé de antemano que tengo la negativa de Cartailhac, sin embargo ¿no te parece que palabras buenas convencen peñas?

Refranero aparte, quiero decirte lo mucho que

significa para mí el sacrificio de no estar junto a vosotros, pero creo que la campaña que habíamos iniciado con el profesor Vilanova y Piera en la que él puso todo su empeño, necesita un mínimo homenaje que puede ser este viaje mío a Francia. Recibe el cariño y la amistad de

Ignacio

La chica dobló cuidadosamente la carta.

—Eres el chico más bueno que conozco, Ignacio —dijo María.

El cielo estaba muy gris en Santander y llovía copiosamente.

—Detrás de todo esto está ella y ya se está pasando de la raya —dijo la madre de Ignacio, muy enfadada.

—Gertrudis, simplemente nuestro hijo está enamorado —le respondió su marido.

Estaban sentados en su coqueto saloncito, donde ardía un tronco de leño en la chimenea.

—Es que no me resisto a pasar una Navidad sin nuestro hijo.

—Es la primera, Gertrudis, por eso te hace mella, pero ya vendrán otras y aprenderás.

—Es mi único hijo, Fernando, y en la Navidad siempre debemos estar juntos.

—Lo sé, lo sé, pero qué le vamos hacer. El muchacho se ha metido en una pequeña empresa y ahí lo tienes saltando de un sitio a otro tras esa quimera. Hay que tener paciencia porque también un día, como todos, tendrá que irse.

—Es que me parece demasiado joven para que ya empiecen a quitármelo.

—Nadie te lo quita. Lo hace porque quiere. Ignacio y María son únicamente buenos amigos.

—¿Qué pasa, Fernando, hablas como si no te importara?

—Me importa mucho pero también tengo que entender que debo respetar su voluntad.

—¿Voluntad? Con una chica que le anula la razón y con los pocos años que tiene. Si apenas es un chaval. Se lo debemos prohibir y se acabó.

—¿Prohibir? —sonrió don Fernando, contemplativo—. Los chicos de hoy prefieren hacer las cosas que uno les impide. Además, no es malo lo que está haciendo. ¿Has visto el detalle ese del dinero que alude en su carta? La verdad es que me ha sorprendido.

—¿Te refieres a sus ahorros?

—Pues sí y también al hecho de trabajar en un estudio como amanuense y haberse ganado honradamente un dinero que ahora lo va a emplear en algo que él considera justo.

—Ya, pero de tanto estar por allí viajando puede caer en algo malo...

Don Fernando frunció las cejas. Dejó sobre el sofá la revista que hojeaba y dijo:

—Gertrudis, tu hijo es casi mayor de edad. Lo hemos formado bien y él nunca va a defraudarnos con algo que resulte negativo para su persona.

La mujer caminó de un lado a otro, y cuando el marido esperaba que ella siguiera en sus trece, vino hacia él, le abrió los brazos y, como una niña que reclama un juguete, le dijo sollozando:

—Es que me hace tanta ilusión la Navidad, y sobre

todo estar juntos, ahora que buena parte del año él la pasa lejos de nosotros.

—A mí también, Gertrudis —dijo palmeándole la espalda para consolarla—. Pero ya ves, si cumplir con el objetivo que se ha propuesto Ignacio le hace feliz, nosotros también debemos ser felices. ¿No crees tú que también esa chica estará sufriendo por no pasar unos días con Ignacio, ahora cuando él le había prometido volver?

—Sí —dijo con aire quejumbroso.

Un grito lacerante quebró el silencio de la noche.

Los hombres del clan se despertaron asombrados y minutos después un nuevo grito siguió perforando la oscuridad.

Los más osados salieron fuera de sus casas armados con sus lanzas. ¿Serían enemigos camuflados o algún mal espíritu que había perseguido a Rek? ¿Quién sabe si de repente el espíritu de la ballena había venido a vengarse?

El grito volvió a escucharse, casi como un lamento desesperado.

Los hombres se organizaron en el acto y decidieron ver qué pasaba.

Rek lanzó una carcajada que estremeció a todos.

«Tal vez se ha vuelto loco», se dijo su padre, temeroso de que el muchacho estuviera realmente afectado.

Rek los miraba con los ojos algo desorbitados y los demás se sintieron sobrecogidos. El chico volvió a reírse estentóreamente.

—¡Ha caído un jabalí en la trampa! —gritó lleno de entusiasmo, y al ver que los hombres permanecían asustados y sin atreverse a nada insistió—: ¿No gritan de esa manera los jabalíes heridos?

—Puede ser —dijo Yaloj—, iremos ahora mismo.

—¿No será peligroso?

—¡Iremos! —insistió el jefe del clan y miró a varios hombres que lo secundaban. Encendieron antorchas y salieron hacia el cercano bosque.

Poco antes de llegar, un nuevo grito estalló en la noche.

Los hombres temblaron asustados.

—¡Ha caído otro jabalí! —anunció Rek, alborozado.

Se armaron de valor y llegaron hasta donde estaba colocada la trampa que tenía la parte de encima alborotada, dirigieron la luz de las antorchas hacia el foso y, era cierto, dos jabalíes estaban atravesados por las afiladas estacas de la trampa.

Ignacio inició su larga travesía en la estación de tren de Atocha. Iba confiado y lleno de optimismo.

Atrás fueron quedando los verdes campos de Castilla y la negrura desnuda de los árboles.

Al pasar por Burgos, la nieve había invadido los rieles y el tren avanzaba con increíble lentitud, pero el manto inmaculado que cubría los campos le otorgaba un toque de nívea poesía al paisaje duro de la tierra del Cid.

Apoyada la cabeza en la ventana del tren, Ignacio contempló cómo no cesaba de caer la nieve.

Antes de llegar a la frontera con Francia, les comunicaron que pernoctarían en Hendaya y al siguiente día continuarían el camino.

Ignacio se bajó en Bordeaux y luego siguió hacia el interior en un coche tirado por caballos. Al mediodía de la tercera jornada de viaje arribó a Coutras, y se enteró de que las cuevas de Pair-Non-Pair distaban todavía a «unos buenos kilómetros, sierra adentro» de esa ciudad. Y hacia ahí marchó sin perder un ápice de optimismo.

Las cuevas estaban muy cerca de un pequeño campamento minero y le informaron que allí cerca, en una pensión, se hospedaba la expedición científica venida de París que, por esos días, hacía investigaciones en las entrañas de las rocas, cargadas de viejas historias, de Pair-Non-Pair.

Ignacio aguardó con impaciencia la caída de la tarde, hora en que los científicos retornaban a la pensión. Fue un día gris, de lluvia fina y persistente.

Aparecieron al atardecer. Eran cuatro. Venían cubiertos de gruesos chubasqueros y cargados con unos bolsos pequeños.

Los vio entrar: tres hombres maduros y uno bastante mayor, de mostacho poblado y mirada penetrante. No cabía duda, ése debía de ser el temido Cartailhac. Ignacio se le aproximó:

—Profesor Cartailhac —le dijo en francés—, vengo de Madrid, me gustaría tratar un importante asunto con usted en cuanto pueda recibirme.

El hombre sonrió de buena gana.

—Ya quisiera ser yo Émile Cartailhac —le respondió—, temo que el profesor no le podrá recibir porque ayer partió hacia París... a pasar las fiestas, ¿sabe usted?

En un primer momento Ignacio se quedó mudo. Pero inmediatamente reaccionó.

—¿Y cuándo volverá?

—El próximo año.

—Sí, claro. ¿A primeros de mes?

—Posiblemente no. Tiene compromisos en París y me parece que volverá ya en febrero. Además, está un poco mal de salud, ¿sabe usted?

—Gracias —le respondió en español algo aturdido, y se alejó.

Ignacio no pudo dormir aquella noche. Había planeado retornar a Santander hacia el 30 de diciembre y ante la partida de Cartailhac todos sus planes se venían abajo.

Recordó una y otra vez las palabras del científico «está un poco mal de salud, ¿sabe usted?»

—¿Y qué pasa si se me muere también? —dijo en voz alta, en medio de la oscuridad de su habitación.

Luego se reprochó por pensar aquello. Encendió un quinqué, escribió a sus padres y a María relatándoles los pormenores de su fallido viaje.

«He decidido salir mañana mismo para París —decía en la carta a María—. *Aunque resulte un poco duro alargar mi estancia en Francia, creo que sería un poco injusto no ir en busca del profesor Cartailhac teniendo París a un par de días de viaje. Me apena no verte, pero tengo el pleno convencimiento de que conseguiré sacar algo de mi entrevista con el profesor Cartailhac. Es posible que esta carta te llegue próxima a la Navidad y quiero que sea portadora de todo cuanto siento por ti, de todo*

cuanto ansío verte y de la esperanza cierta de que sea eterna nuestra amistad. Un gran abrazo.

Ignacio

—Me iré de todas maneras —dijo Belaya encarándose a su padre.

—Tal vez te maten, si matan también a Rek.

—No me importa, pero me iré —le respondió la muchacha.

Doblaba sus escasas ropas en una pequeña manta de manera muy ordenada a fin de que no abultaran mucho. Tenía la frondosa mata de pelo amarillo recogida hacia atrás, y la piel dorada de su rostro, que todavía conservaba las huellas del verano, hacía destacar con mayor brillo sus bellos ojos azules.

—Me obligarás a ir en la expedición —dijo el padre de Belaya.

—Pues, me alegro de que nos acompañes —le respondió la chica, ablandó el rostro algo fruncido y sonrió.

—No estoy para fiestas. Si algo nos pasara, ¿quién cuidaría de tu hermana pequeña?

—La madre de Rek. Es mi amiga.

El hombre no dijo nada. Dejó el huso con que zarandeaba un trozo de piel para luego estirarlo y curtirlo, y confeccionar esas bellas prendas de vestir que les habían servido para ser admitidos en el clan de Yaloj.

—No sé por qué hago esto —volvió a quejarse el hombre.

Fue entonces cuando la muchacha dejó lo que estaba haciendo, se aproximó a su padre y después de mirarlo escrutadoramente le dijo con ternura:

—Padre, no debes ir. Si Rek tenía razón y encuentran los bisontes, volveremos en triunfo. De lo contrario, me iré con él, por más que todos se opongan —hizo un silencio como para que su progenitor se aclarara sus ideas y dijo finalmente—: Comprende, por favor, que ocurra lo que ocurra, ya no hay necesidad de que vayas.

El hombre sabía que tras la apariencia dócil y amable de Belaya había una joven que era muy fiel a las resoluciones que tomaba.

—¿Y si no te dejan ir?

—He hablado con Yaloj y me ha dicho que siempre hacen falta manos que ayuden a cargar las cosas, por lo tanto podré ir.

Yaloj revisó personalmente todos los instrumentos de caza, y sobre todo las pieles de bisonte que les servirían para camuflarse y llegar hasta ellos, si los encontraban.

Partieron casi todos los hombres. El padre de Belaya decidió finalmente acompañar a los expedicionarios y junto a él iba su hija.

Y junto a Rek marchó también *Vara*, un poco con el aire de aquel a quien ya le resultan familiares los lugares ribereños a la costa por donde emprendieron inicialmente la larga marcha.

A la tercera jornada llegaron al cementerio de las ballenas y los hombres, asombrados, descubrieron que todo cuanto Rek les había contado no era ninguna fantasía.

—Lo que no entiendo es cómo, si el mar está allí, algo distante, estas ballenas pudieron llegar hasta aquí.

Los huesos estaban en ese lugar, casi intactos, muy blancos, formando armazones como de espadas o arcos gigantes, cruzados en el aire.

—¿No serían cazadores quienes las arrastraron hasta aquí?

—Es imposible.

Inspeccionaron por los alrededores y encontraron restos de conchas marinas.

—Es simple —dijo el anciano—, el mar llegaba durante los últimos grandes inviernos hasta este mismo sitio. Las ballenas debieron de morir en la playa, y cuando bajaron las aguas y las mareas empujaron al mar hacia su lecho natural, ellas se quedaron aquí.

—Deberíamos enterrarlas —dijo alguien.

—Sí —dijo el anciano—, de lo contrario su espíritu nos perseguirá.

—Eso es falso —dijo Rek—. Yo he vivido en la panza de esa ballena, la más grande, cuando me iba hacia el valle de los bisontes, y también pasé varios días aquí mismo cuando volví, y nunca he sentido el menor síntoma de que el espíritu de la ballena quisiera hacerme daño. Además, ¿quién podría cavar un hoyo tan grande y cómo podríamos meterlas en él?

El anciano miró, reflexivo y atento, a Rek y luego se dirigió a los demás que esperaban ansiosos el veredicto.

—Muchos espíritus de los animales acuáticos suelen volver al mar —alzó ambas manos a la altura de sus hombros y contempló el mar que rezongaba a lo lejos—, el sabio mar se encarga de darles otros cuerpos —hizo un largo silencio y luego dijo—: Tal vez esta ballena encolerizó a los espíritus del mar y por eso la dejaron allí varada como testimonio de su pecado...

Sin embargo, permaneceremos aquí hasta estar convencidos.

Rek miró nerviosamente a Belaya y ella le devolvió la mirada cómplice. Ambos sonrieron levemente.

—¿Cuánto falta para llegar al valle de los bisontes, Rek? —le preguntó el anciano.

—Cuatro jornadas —dijo el muchacho.

—Si no nos damos prisa pueden marcharse los bisontes —dijo Yaloj.

—También el invierno ya debe de estar en camino desde las tierras del norte —dijo Malmo.

—Hoy dormiremos aquí —sentenció finalmente el anciano—, si tenemos alguna señal del espíritu de las ballenas pidiéndonos que debemos enterrarlas lo haremos, de lo contrario al amanecer nos pondremos en camino. ¡Es mi última palabra!

Nadie rechistó.

9

POR esos días, París empezó a llamarse la «Ciudad Luz», también de noche. Edison acababa de inventar la bombilla eléctrica y miles de ellas fueron colocadas por todas partes para alumbrar las fiestas.

La alegría de la gran ciudad estaba en sus calles y en sus parques, vistosamente iluminados, porque ya llegaba la Navidad. La gente se volcaba, durante el paseo vespertino, a los boulevares, alamedas y plazas, afanosamente, con esa especie de desasosegada búsqueda que precede a los grandes acontecimientos.

Era sábado, 23 de diciembre, y en el Sociedad Científica de Estudios del Hombre de París no había ni un alma. Ni el portero.

Aun así, Ignacio era de los que no se daba por vencido tan fácilmente, y lo que hizo fue dirigirse a la redacción de *Le Figaro,* allí alguien, seguramente debería tener la dirección del profesor Cartailhac.

Le dijeron que sí, que tal vez el señor Chastenet, encargado de coordinar ediciones especiales de temas científicos, podría, tal vez, saber algo. Le pidieron que volviera al día siguiente a media mañana, que era la hora en la que el periodista solía venir a la redacción. Allí le regalaron un pequeño plano de París y le preguntaron cosas tan tópicas de España, que el joven se quedó alarmado de lo mal que se conocía a su país más allá de sus fronteras.

Ignacio se instaló en una pensión cercana a Raspail y allí pernoctó. Al día siguiente se levantó muy temprano y salió a caminar. Pronto estuvo en Montparnasse, llegó al boulevard de Saint Michel y lo siguió hasta encontrar la mítica catedral de Notre-Dame. Era un día gris, cargado de presagios, y le dieron las diez de la mañana al pie de la célebre iglesia de Nuestra Señora de París. Subió hasta las cúpulas de las gárgolas y se quedó fascinado contemplando el Sena cargado de barcazas y atravesado por ciclópeos puentes de arquería. Al lado Este, la gran novedad de esos días, la torre del arquitecto Eiffel, medio recortada por la cortina gris de la niebla.

Poco después se fue caminando hasta la redacción de *Le Figaro,* y el señor Chastenet llegó a la hora prevista. Era un hombre menudo, elegantemente vestido, con bigotillos y sombrero de bombín. Ignacio le relató su problema y el hombre le respondió:

—Joven, usted es un hombre con suerte. Hoy por la tarde el profesor recibirá en su domicilio a un grupo de científicos y periodistas para mostrarnos en una amable tertulia sus últimos descubrimientos de las cuevas de Pair-Non-Pair.

—¿Me permitiría asistir?

—Sí. Le diré al profesor que usted es conocido mío y que viene desde Madrid a buscarle. Es un hombre muy sensible y se sentirá inmensamente complacido.

El profesor Cartailhac vivía en una casona versallesca de grandes puertas, columnas altas y deslumbrantes salones. Muy decorada al estilo fin de siglo y cuando Ignacio llegó le comentó a su amigo Chastenet que se sentía como si estuviera entrando a un palacio.

—En efecto —dijo Chastenet—, esto antes fue el palacio de un noble.

—Debe de ser muy rico el señor Cartailhac.

—En esta casa se juntan la riqueza y la sabiduría, querido amigo. Cartailhac es una lumbrera y a su mujer le sobran los dineros.

Ignacio fue presentado a Carltailhac por Chastenet. El cronista informó al científico de que ese joven venía desde Madrid para entregarle, en mano, una carta del profesor Vilanova y Piera.

—Lo conozco, lo conozco —dijo Cartailhac emocionado al oír mencionar el nombre—, y me he enterado de que ha muerto hace muy poco. ¿Qué querría de mí este buen amigo?

—Hacerle una proposición científica —se apresuró a decir Ignacio.

—¿Ése es el mensaje de esta carta?

—Sí, y le ruego que usted le proporcione, por justicia, la mejor atención.

Cartailhac sonrió levemente. Se sonrojó. Se abanicó la cara con la carta.

—Yo siempre he sido muy justo, joven amigo —se adelantó unos pasos y se volvió hacia Ignacio y Chastenet—. Hoy vendrán a esta casa muchos científicos y muchos periodistas y en homenaje a mi amigo madrileño abriremos nuestro informal coloquio leyendo la carta de Vilanova y Piera..., confío en que podremos atender su última voluntad con... justicia.

—Gracias —le dijo Ignacio.

Media hora después, el gran salón estaba atestado de gente. Todos cómodamente dispuestos en afelpados butacones, elegantes y sonrientes, con el aire especial que da la víspera de la Navidad y el beneplácito de hacer algo con agrado, los unos, tratar temas de ciencia, y los otros, codearse con gente tan interesante.

Se bebía champaña y se comían bombones, cosa que le pareció extraña a Ignacio, pero cuando los probó juntos, no le desagradó.

De pronto, Cartailhac pidió silencio y todos quedaron muy atentos.

—Queridos amigos, ha llegado de Madrid un emisario de don Juan Vilanova y Piera, eminente científico español, trayéndome una carta y que, al decir de su portador, contiene una propuesta científica. Dada la circunstancia de la reciente muerte de nuestro querido colega madrileño, se convierte en una especie de última voluntad. Como un preámbulo del informe que quiero hacer a nuestros queridos amigos de la prensa, sobre los últimos descubrimientos de la expedición científica que yo presido en Pair-Non-Pair, daré lectura a la carta, y, si es posible, ahora mismo llegaremos a un acuerdo en favor de la solicitud de nuestro amigo Vilanova y Piera.

Cartailhac desgarró el sobre y leyó en voz alta la petición que le hacía Vilanova y Piera. Apelaba a su amigo para convocar una especie de congreso de científicos en donde se podría ver con mejor disposición, y a la luz los avances contemporáneos de la ciencia, la autenticidad de las pinturas rupestres de las cuevas de Altamira y reivindicar el buen nombre de don Marcelino Sanz de Sautuola.

A medida que Cartailhac leía, iba poniéndose nervioso, cuando concluyó la carta, visiblemente emocionado y casi tembloroso, pidió un vaso de agua y dejó pasar unos segundos para que los allí reunidos comentaran la solicitud.

—Señores —dijo poniéndose, ceremoniosamente, de pie— es increíble cómo la impostura y la falsedad pueden mantenerse con los años, y mientras algunos con las canas suman experiencias en busca de la verdad, otros se aferran a viejas y nefastas historias, y lejos de avanzar... involucionan. No quiero decir con esto que nuestro buen amigo Vilanova y Piera haya ido a menos, no, soy muy respetuoso con sus notables investigaciones en favor del estudio de la tierra y su evolución, pero, en lo que respecta al tema de las cuevas de Altamira, en vez de tomar una postura más seria con los años, lo que ha hecho es desafiar a la ciencia pensando que estuve equivocado cuando afirmé que tales pinturas no dejaban de ser una afiebrada invención reciente de alguien, que también Sanz de Sautuola creyó, muy ingenuamente.

—Perdone, señor —dijo Ignacio—, pero, ¿no cree usted que enviando una comisión de especialistas que estudien muy a fondo el tema, la ciencia puede encontrar nuevos planteamientos?

—¿Quiere usted decir que la primera comisión que fue a ver el caso se equivocó?

—Puede ser, señor, simplemente que los avances de la ciencia pueden hacer variar las posiciones de hace diez años.

—Joven amigo, la falsedad de las pinturas de Altamira es tan evidente que únicamente la ingenuidad de Sautuola y la generosidad de Vilanova podrían otorgarles alguna validez.

—¿Es que los científicos no pueden equivocarse? —preguntó Ignacio muy molesto.

Cartailhac ensombreció el rostro.

—Joven, ¿qué hace usted en Madrid?

—Estudio medicina.

—Vaya, pensé que iba para abogado. Generalmente los abogados tienen ética pero no moral. Usted será con seguridad un buen médico pero, como sabrá, la ciencia es otra cosa... más rigurosa y más seria.

—¡Usted ofende a la profesión del abogado! —le replicó Ignacio, vencido por el enfado.

—La juventud es idealista y osada, amigo; le ruego que baje el tono de voz.

—No se preocupe —dijo Ignacio, sin amilanarse—, no volverá a oírme jamás.

Se puso en pie, se enfundó su abrigo y se fue rápidamente hacia la puerta de salida.

Cartailhac sonrió.

—Es increíble que haya gente que quiera resucitar muertos... —dijo con pedantería, miró a sus contertulios y añadió—: Señores, les ruego perdonen el incidente.

Todos durmieron sin novedad, posiblemente también el «espíritu de la ballena» , porque aun cuando los hombres le retaron pernoctando algunos en el mismo vientre del esqueleto del cetáceo y otros muy cerca, no vino a molestarlos.

El anciano dijo que había llegado el momento

y emprendieron la marcha definitiva hacia el valle de los bisontes ordenando que Rek fuera a la cabeza.

Belaya, la única mujer que iba en el grupo se puso junto a Rek.

—Ya sabe mi padre que si no encontramos bisontes me iré contigo para siempre —le confesó.

—Gracias—le dijo el chico—. Eres muy buena Belaya, pero recuerda que yo no te lo he pedido.

La muchacha enrojeció como una guinda. Rek comprendió que había sido demasiado torpe y trató de enmendarse.

—Es decir, a mí me encantaría que te fueras conmigo pero yo pienso ir en busca de un lugar adecuado para seguir atrapando bisontes en las rocas con mis pinturas y con mis manos.

—Pues me gustaría ayudarte.

—No es tan fácil, Belaya, hay lugares que no conocemos y clanes que tienen costumbres muy diferentes a las nuestras, y quién sabe si seríamos hechos prisioneros de gente mala.

—Correré ese riesgo, Rek, junto a ti —la muchacha giró la cabeza para mirar directamente al joven y sintió que su corazón comenzaba a latirle con demasiada prisa, hasta que se decidió a soltar algo que parecía atenazarle la garganta—. Si tú me dices que no me quieres, te dejaré.

El muchacho sintió que aquella chica realmente le quería y, además, él le había dicho en varias ocasiones que algún día sería su esposa.

—Te quiero mucho, Belaya —le dijo bajito.

La chica sonrió. Tenía los ojos a punto de llorar y su hermoso rostro seguía arrebolado.

A medida que se internaban hacia las colinas del interior, el paisaje se tornaba de un verde más brillante, y los árboles parecían cada vez más altos y más abundantes.

El final de la jornada les sorprendió en un lugar no muy lejano en el que Rek había también descansado en su primer viaje.

Los hombres encendieron una hoguera y se tumbaron encima de sus pieles. Mientras el fuego y la noche daban un baño negro y dorado a sus curtidos rostros, disfrutaron esperanzados de esas inigualables charlas colectivas.

De pronto el anciano Valmín miró a Rek y le dijo:

—No estás hablando mucho esta noche.

—Prefiero escuchar a los demás.

—Sí, lo sé, pero a todos nos gustaría oír de tus labios si la distancia que nos queda para el valle de los bisontes está todavía lejana.

—Mañana, al mediodía, podremos divisarlo desde una colina, y al atardecer llegaremos a él.

No hubo comentarios. Únicamente uno de los seguidores de Malmo dijo:

—Si no encontramos los bisontes no habrá disculpas.

—No —dijo el anciano.

—¿Y qué opinas Yaloj? —insistió el hombre.

—Igual que el anciano.

Belaya estaba asustada. Su cuerpo temblaba levemente y aquella angustia fue percibida por Rek.

—Quién sabe, quizá sea mejor para nosotros que no encontremos a los bisontes —dijo Rek a la muchacha.

—Tal vez —asintió ella con cautela.

Desde la colina se divisaba con gran facilidad el valle formado por un río que desembocaba en el mar y que, antes de llegar a él, crecía a lo ancho, en una especie de delta.

Los hombres se quedaron pasmados con la radiante explosión de la naturaleza. Efectivamente, en sus inmediaciones había un bosque de troncos muy gruesos y muy elevados; el pasto era alto, jugoso y abundante.

Entre los matorrales hallaron muchos animales de caza y hubiera sido una gran idea trasladarse allí a vivir porque también, seguramente, la pesca entre el río y el cercano mar debía de ser muy abundante. Estaban ilusionados y casi no descansaron, e inmediatamente después de hacer un breve alto para echar mano a sus provisiones, continuaron su viaje hacia la añorada tierra de los bisontes.

Llegaron al bosque, asombrados del frescor de la tupida arboleda, lo cruzaron sin ningún incidente especial, y cuando ya caía la tarde, arribaron al valle mismo y... no hallaron ningún bisonte.

—Me lo imaginaba —dijo el amigo de Malmo—, todo ha sido una gran mentira.

—Yo nunca he mentido —se defendió el muchacho.

El anciano Valmín había enmudecido y estaba triste. Secretamente admiraba a Rek, porque también él, cuando era joven, había sido valeroso y osado. El chico le inspiraba amistad y confianza.

También el padre de Rek permanecía en silencio.

Y cuando el detractor revoltoso se dirigió hacia él para increparle,dijo:

—Esta noche tomaremos una decisión.

Cuando estaba a punto de oscurecer sintieron a lo lejos un resonante tropel, parecido al de un rugido del viento que precede a una tormenta.

—Extraño —dijo el anciano—, parecen animales que corren.

Se callaron y el ruido se alejó.

Caminaron hacia un lugar donde descansar y el anciano de pronto se quedó maravillado.

—Mirad —dijo, se acercó al suelo, se arrodilló y olisqueó la hierba—, hay huellas frescas de bisontes —siguió oteando a gatas y añadió—: Van hacia la dirección donde sonó el tropel.

—¿Y por qué no los hemos visto?

—Deben de haberse desplazado hace uno o dos días.

Todos los hombres se tiraron a buscar los rastros y, efectivamente, descubrieron inequívocas señas de que podían haber transitado por allí los bisontes.

—Pueden haber pasado bisontes, pero si se han ido corriendo ya deben de estar muy lejos y nunca podremos alcanzarlos.

—Sí podremos —dijo Rek—. El río se encajona en esa dirección, la vez anterior yo noté que era allí donde había mayor abundancia de pastos.

—¿Estuviste en ese mismo lugar?

—Sí, y lo crucé dos veces.

—Vayamos ahora mismo —aconsejó Yaloj.

—¿Qué opinas Rek? —preguntó el anciano.

—En marcha —dijo el muchacho muy seguro de sí mismo—, los encontraremos y podremos cazarlos al amanecer.

Yaloj sonrió:

—Hablas como un cazador experto.

—Nunca seré un buen cazador. Sé algo porque observo mucho.

Llenos de ilusión se desplazaron, y para mayor suerte suya una luna inmensa alumbró el cielo. Sería casi la medianoche cuando encontraron al gran rebaño de bisontes.

Los hombres rodearon a la manada y descubrieron que al sur se estrechaba el terreno para cortarse a pique en un barranco.

—¡Esto es un regalo! —dijo lleno de entusiasmo Yaloj—. Si logramos introducirnos en el rebaño disfrazados y espantamos a un mismo tiempo a los bisontes hacia el barranco muchos vendrán a este lado, podremos despeñarlos y obtener una cacería rápida y buena.

Los hombres se miraron emocionados.

—Ahora viene la gran prueba, Rek —le dijo el anciano—, nos meteremos en la manada y, poco antes de que amanezca, los azuzaremos para que se despeñen . ¿Ése es tu plan, no es cierto?

—¡Lo conseguiremos! —le respondió el chico maravillado.

—Pero si los bisontes nos descubren y en vez de separarse se echan contra nosotros, moriremos aplastados, sin remedio.

—Vale la pena correr el riesgo —dijo Yaloj.

—Sí —dijo uno de los seguidores de Malmo—, tal vez valga la pena.

Nadie durmió el resto de la noche. La pasaron acomodándose lo mejor posible en sus pieles, y tan pronto como creyeron estar listos, empezaron a penetrar en la manada de bisontes que, adormilados y tranquilos, reposaban recostados, sobre sus cuatro patas.

Algún desconfiado movía la cabeza, oteando hacia los recostados y parecían no hacer mucho caso a las sombras que se deslizaban junto a ellos.

Ya casi al amanecer los hombres se pusieron exactamente en el lugar previsto. Cuando las primeras luces del alba despuntaron en el cielo y era posible distinguir a medias las cosas, los hombres, a una señal de Yaloj, se pusieron en pie, agitaron vivamente sus rejones y lanzaron desaforados gritos.

La primera intención de los bisontes, medio dormidos, fue huir. Los cazadores consiguieron separar la cola de la manada, que, al dividirse del conjunto, corrió hacia el lugar previsto.

El grueso de los bisontes enfiló la fuga hacia el río y los cazadores, a todo correr, abiertos en abanico, continuaron gritando y azuzando la parte de la manada que habían elegido.

La pradera se llenó de un ruido sordo de cascos de los bóvidos que corrían cada vez más desesperados. Tras de ellos los gritos de los hombres que los perseguían frenéticamente.

La manada escindida llegó al filo del precipicio. Los que iban a la cabeza frenaron por puro instinto, tal vez intuyendo que delante suyo la negra boca del barranco les abría sus fauces.

Ocurrió que los que venían detrás de ellos los empujaron con tal fuerza que los primeros cayeron y así todos se fueron despeñando.

El milagro se había producido. En el fondo del barranco había gran cantidad de bisontes muertos.

—Tendremos mucha carne para el invierno y muchas más pieles de las que necesitamos —dijo Yaloj, y abrazó a su hijo lleno de felicidad.

Belaya volvió a sonreír, la gran prueba se había cumplido, y Rek ya no tendría que marcharse.

Cuando Ignacio abandonó el palacete, París ya estaba muy iluminado para recibir la Navidad.

Los árboles, los puentes, los portales y unas banderolas, de acera a acera, habían sido engalanados con bombillas, y las calles, pese al levísmo aguacero que caía y al viento frío que se deslizaba por todos los rincones, tenían el toque hogareño y cariñoso de esa noche mágica.

También los tranvías, tirados por caballos percherones ataviados con campanitas en los arreos, conducidos por unos señores de grueso abrigo, capa voladora hasta media espalda y chistera, estaban adornados con guirnaldas, coronitas, piñas y bolas nevadas.

Al contemplarlo todo, Ignacio sintió una atracción por esa brillante fanfarria de colores, pero, poco después, las palabras del eminente Cartailhac volvieron a sonar en sus oídos y le pareció que la felicidad se le caía de las manos.

«Y ahora qué nos queda?», se preguntó varias veces y aun sabiendo que decir aquello era una tontería repitió algo que había dicho María.

—Es el embrujo de la cueva mágica y sus bisontes —movió la cabeza—. Ahora no queda ninguna duda.

Siguió caminando y poco después se reprochó a sí mismo por alentar una idea tan poco civilizada. «No son más que unas pinturas, bah», se dijo, pero inmediatamente pensó en María. Para ella esas pinturas le habían quitado a su padre, les habían sumido en los malos comentarios y el deshonor en una ciudad como

Santander, donde el prestigio intelectual y científico, es decir, la palabra de un maestro, había sido mancillada por la duda y la mentira.

Ignacio llegó a la orilla del Sena y una barcaza cruzó cargada de faroles, gente que gritaba de alegría, sobre todo los niños.

—Pobre María, va a sufrir mucho cuando se entere.

Poco a poco fue desapareciendo la gente de las calles y el muchacho descubrió que la soledad iluminada de una plaza o de un boulevard, en vez de hacer más tenue la incomunicación, la volvía más evidente.

Ignacio se dirigió hacia su pensión cuando ya faltaba sólo una hora para la cena de Navidad. Cansado, desilusionado, triste y, además, alejado de la chica que admiraba y, por primera vez en su vida, de sus padres.

Pensó llegar a la pensión, acostarse y dormir. Como todas, la suya tenía por fuera colgados adornos navideños.

Al entrar, Ignacio encontró que había muchas luces y un nutrido grupo de jóvenes y adultos disfrutaban reunidos en el salón.

La dueña, al verlo llegar, llamó a gritos a varias personas y luego se le acercó acompañada de tres chicos y una chica.

—Ignacio —le dijo—, ellos son también españoles y cenaremos juntos. Si usted desea puede acompañarnos.

La cara de Ignacio se iluminó. Se hicieron las presentaciones. La chica era catalana y el resto, andaluces. Pasaban, como él, unos días en París. Nació una amistad a primera vista y en el acto confraternizaron.

Les unía ese inefable lazo de los inmigrantes: el nombre bendito de la patria. Descorcharon botellas de champán y brindaron recordando a sus seres queridos y a la casa lejana.

10

IGNACIO dejó París cuando en la Ciudad de la Luz no callaban todavía las fanfarrias de la Navidad. Llegó a Hendaya al anochecer, pasó la noche allí, y al día siguiente inició la travesía hasta Santander.

Los padres de Ignacio creyeron que pasaría también la Nochevieja fuera de casa, pero el chico llegó el 29, inesperadamente. Relató su aventura parisina y les dijo que iba en busca de María.

—Ignacio, hay algo sumamente importante que quiero comunicarte—le dijo su padre poniendo una cara realmente patética, como cuando alguna vez convocaba a los miembros de la familia para tomar alguna decisión muy seria.

—Estoy enterado oficialmente...

—¡Fernando! —le interrumpió doña Gertrudis—, te suplico que hoy no toques ese tema con Ignacio.

—Se trata de algo muy importante y pensé que debería enterarse.

—Pues no —insistió contrariada—. El chico está lleno de ilusión y no le agües la fiesta.

—Precisamente por esa razón quiero decirle esto.

—Me tenéis preparada una sorpresa, ¿verdad? ¿Qué es?— se inquietó Ignacio.

Doña Gertrudis cogió de ambos brazos a su hijo, le dio un beso.

—No te preocupes Ignacio, anda, ahora ve a saludar a María y dile de nuestra parte que está invitada a recibir con nosotros el Año Nuevo —le hizo un guiño—. Ya tendremos suficiente tiempo para hablar de otras cosas.

—De verdad que me tenéis intrigado con vuestra actitud.

—Tranquilo, no es nada —le miró con ternura y le volvió a besar—. ¡Anda, que la pobre chica estará encantada de verte!

—¿Pobre, por qué? —preguntó, con aire de protesta.

—Bah, no me hagas caso, es una forma de decir.

El muchacho no insistió, ni tampoco la madre.

Al llegar a la casa de María, no la encontró. Le dijeron que había a salido a pasear cerca de la playa y el muchacho se reprochó por no haber ido primero a buscarla allí. Aunque momentos antes lo había pensado así, pero como había visto que el día era realmente frío, un poco despejado al interior pero nublado hacia la costa, cambió de opinión. A pesar de todo, Ignacio caminó deprisa.

Corrió ansiosamente hasta la playa y encontró a la muchacha sentada en un banco mirando al mar. Era casi la única habitante del desolado paseo marítimo.

—María —gritó desde lejos. La chica se volvió y al reconocerlo se levantó del asiento y fue hacia él con los brazos abiertos.

—No pensé que ibas a llegar hoy —dijo ella agitada.

—Bueno, ya me tienes aquí.

—¿Y qué tal, cómo te fue?

—No muy bien, aunque siempre quedan esperanzas —mintió Ignacio—. Ahora vamos a olvidarnos un poco de eso.

María lo separó levemente de sus brazos, como para tomar un respiro y encarar la realidad.

—¿Te ha ido mal, verdad?

—Sí —dijo el chico resignado.

—Me lo suponía, o tal vez lo soñé. ¿Se negó a recibirte?

—Me recibió en un castillo, pero se portó como el peor de los vasallos —dijo el muchacho enfadado.

—¿Y...?

—No quiere saber nada del tema.

María cogió, con ternura, ambas manos del chico.

—Era de esperar —dijo más bajo—. De todas maneras, gracias, Ignacio, has sido demasiado bueno tomándote tantas molestias por mí. Incluso me parece que tus padres estuvieron muy enfadados cuando faltaste en Navidad.

—¿Te dijeron algo?

—No. Ni mucho menos. Yo pasé a saludarles y había algo que no cuadraba bien.

—Pero yo...

—Nada, Ignacio, fueron muy amables, ¿pasa algo?

—No te preocupes, todo continúa igual —dijo Ignacio, y prefirió callar ese algo que su madre había impedido que don Fernando hablara.

—Estamos juntos, eso es lo que importa.

Unas gaviotas chillonas volaban con torpeza junto

a la playa, empujadas por el fuerte viento que traía el mar. María alzó la mirada y contempló que por el aire se descolgaban densos nubarrones. El viento comenzó a golpearles el rostro y decidieron volver.

Poco después llovía a cántaros sobre Santander. Y por la noche se despejó de nuevo el cielo y heló, pero el calor de la cercana Nochevieja, con su magia de cambiar todo para el año nuevo, renovó las ilusiones.

Todavía algo incrédulos por la gigantesca cacería, desollaron los bisontes dando, de vez en cuando, gritos de felicidad, y aprovecharon una explanada natural formada entre el barranco y el río para estirar las pieles, valiéndose de estacas clavadas a la tierra blanda para tensarlas y rociarlas, regularmente, con un poco de agua para que se secaran sin perder la humedad natural que las mantenía flexibles hasta que cobraran una textura suave. Entonces las rasparían para retirar los pelos gruesos y las pondrían a secar definitivamente. Sin embargo, esta vez había tantas pieles que las sujetaron con piedras en los bordes.

Tras una jornada febril, se internaron en el monte cercano, recogieron ramas secas y cubrieron con ellas los restos de los bisontes y les prendieron fuego. Cuando la carne estuvo calcinada, cavaron un foso y transportaron a él los huesos que quedaban, a medio consumir, y los enterraron.

Fue un trabajo muy duro y se prolongó por espacio de varios días, pero resultó entretenido y agradable. Les quedaba la recompensa de tener mucha carne y abrigo para el invierno que se avecinaba y, además, estaban en un lugar casi paradisíaco, donde había mucha pesca por la dilatada confluencia que se formaba al juntar el río sus aguas al mar.

El paisaje los sobrecogía, las breves colinas alfombradas por un gran manto verde de árboles boscosos, el agua cristalina del río que se deslizaba mansa pero imponente y, mirando hacia el horizonte, la frontera marina de arrobadora belleza siempre, con un cielo traslúcido que estallaba en colores según las horas del día; los naranjas y violetas de los amaneceres contrastaban con los rojos y los dorados del atardecer, y al fondo la eterna paz azul del mar de aquellos largos días del verano.

De vez en cuando se cubría el cielo, caía una lluvia que luego el clima caluroso se encargaba de evaporar. Aquello era muy bueno para curtir las pieles gruesas, las mantenía húmedas y luego el sol les devolvía su textura.

Finalmente, decidieron enrollar las pieles y emprendieron el retorno a donde estaba asentado el resto del clan. Fue una larga y dura caminata por la cantidad de pieles que cargaban en una especie de angarillas de dos palos unidos por un extremo cerrado y el otro abierto, que arrastraban por el suelo, incluyendo Belaya que, pese a su frágil apariencia, demostró ser tan fuerte como cualquiera.

Cuando llegaron al clan les aguardaba otra buena noticia: una inmensa manada de ciervos se había establecido sobre los pastos que había entre la cueva y el mar. Los hombres se aproximaron para contemplar aquel prodigio y se quedaron realmente encantados. La carne de ciervo es tierna y deliciosa, y puede conservarse acecinada, y sus pieles, cuando están bien curtidas, son muy flexibles; las de los bisontes servirían de mantas para el invierno, mientras que las de ciervo, por su suavidad, eran ideales para confeccionar nueva ropa.

—Sin duda, ésta es una tierra buena —comentó el sabio anciano Valmín.

—Rek nos ha devuelto la suerte —dijo Malmo, convencido ya de que el muchacho no era enemigo del clan como se creía cuando atrapó la figura del bisonte en la pared de la cueva.

Los hombres le miraron algo sorprendidos por el comentario favorable. Malmo en vez de huir frente a esa situación como siempre lo hacía, la encaró.

—No me pongáis esas caras —afirmó con acritud—; si alguien vale, lo reconozco, y si estorba, lo digo.

Las hazañas de Rek estaban a la vista y de nuevo se convirtió en un héroe.

Una mañana el joven escogió las dos mejores pieles que tenía, se vistió muy elegante y les dijo a sus padres que le flanquearan en el camino. Unas jóvenes amigas, que en la víspera habían recibido el encargo de Rek de esperarlo a la puerta de su morada y acompañarlo tarareando una vieja canción ritual, al verle aparecer, empezaron el coro.

Rek llevaba en sus brazos las pieles, y en el acto todo el clan se enteró de que allí pasaba algo. Se aproximaron y se unieron al cortejo.

Caminaron hacia la parte final de las cabañas del clan donde el padre de Belaya había construido su tienda. Al enterarse de las intenciones del chico, aguardó grave y emocionado a que llegara la embajada.

Cuando estuvo junto a él, Rek le hizo una breve reverencia que el hombre correspondió, y le extendió los brazos con las pieles.

—Quiero que Belaya sea mi esposa —dijo emocionado y en voz alta para que todos pudieran oírle.

El hombre se sintió muy conmovido y parecía que la emoción se le desbordaría por la mirada.

—Gracias, hijo de Yaloj —le dijo—, me haces un honor al poner tus ojos en Belaya, pero me pides algo que no puedo concederte.

Primero creció un murmullo, luego se hizo un silencio general.

—¿Qué o quién te lo impide? —preguntó sorprendido el chico y arremetió de nuevo con otra pregunta—: ¿Tu hija está prometida a alguien de tu antiguo clan?

—No. Mi antiguo clan ya no existe.

—No te entiendo. No hace mucho consentiste en que ella se marchara conmigo si el clan me desterraba.

—Sí, y la hubiera dejado partir a pesar de que la quiero tanto, pero aquí dentro del clan todo es diferente.

—Nada cambia.

—Cambia todo. En las tierras sin fronteras del sur, no mandaba Yaloj ni el consejo del clan y tú hubieras sido libre como el viento para amar a Belaya y formar tu familia. Aquí es diferente, yo sigo siendo un forastero y no quiero cambiar las costumbres.

—Entonces, ¿no me queda más remedio que marcharme con Belaya para siempre?

—Tal vez.

—Bien, si es necesario me iré —confirmó el muchacho muy dueño de sí.

—¡Rek, hijo mío! —dijo entonces Yaloj—. Hay una ley de nuestro clan que prohíbe que uno de nosotros tome por esposa a una mujer de otro clan. No lo debes olvidar.

—Ya. No me queda más remedio que marcharme con Belaya —miró a la chica significativamente.

—Yo me iré contigo —asintió ella sin perder su serenidad.

—¡Alto! —dijo el anciano—. ¡No os apresuréis! Vuestra suerte tendrá que decidirla el consejo del clan.

Rek depositó las pieles a los pies del padre de la chica.

—Son para ti —luego se volvió hacia los demás y miró a su padre, al anciano, a Malmo y retornando la vista al padre de Belaya añadió—: Decida lo que decida el consejo del clan ya nunca me separaré de tu hija.

—Lo malo de los plazos es que siempre llegan —dijo el padre de Ignacio.

—Todo llega y pasa —filosofó doña Gertrudis.

Ignacio los miró sorprendido. Era una actitud muy extraña en sus padres, incomprensible entre esos dos seres siempre tan dispuestos al diálogo.

—¿Estáis hablando en código secreto? —se burló.

—Te lo diré de una vez —confesó el padre—. De la Comandancia General de Aduanas me ha llegado la orden de trasladarme de inmediato a mi nuevo puesto en Almería.

El muchacho arrugó el entrecejo y se quedó unos segundos sin reaccionar.

—Eso está exactamente en el otro extremo de nuestra geografía, a más de mil kilómetros de aquí.

—Y debo asumir mi nuevo cargo apenas pase la fiesta de Reyes.

Ignacio sonrió nerviosamente.

—Por Dios, papá, y mejor ¿por qué no dices que saldremos pasado mañana y que no volveremos nunca?

—Me cuesta decírtelo, pero eso haremos.

—¿Es que somos un paquete para que nos recojan y nos manden de un lado a otro?

—El jefe de Aduanas ha sido cesado intempestivamente y en la Comandancia General me han concedido su inmediato reemplazo.

—¿Concedido, dices? ¡Como si fuera un favor!

—Me han ascendido y me subirán el sueldo considerablemente —el hombre miró mortificado a su hijo—. Además, es mi profesión, Ignacio, me debo a ella.

El chico se encaró a su padre:

—La mía será diferente.

—Sí, me cuesta reconocerlo pero tú como médico podrás ir a donde te apetezca. En eso has acertado.

—Padre, tienes que reconocer que no me equivoqué al quitarte la ilusión de tener un hijo marino.

—Fallé yo al exigírtelo. Ahora has elegido un camino, sigue adelante con él.

—Al irnos de Santander, una parte de mi camino se trunca.

—¡No entiendo! —replicó don Fernando.

—Se trata de María —intervino doña Gertrudis.

—Ignacio, comprendo que tengas que separarte de María, pero pensé que mi ascenso te alegraría.

—Me alegra y te doy mi enhorabuena, padre, pero marcharnos intempestivamente también significa que seguiremos partiendo el corazón a esa chica.

—Ignacio —intervino doña Gertrudis—, nosotros hacemos todo lo posible por ayudaros, has visto que no te hemos hecho el menor reproche cuando viajaste a París en Navidad.

—El tiempo y la distancia curan todas las heridas, hijo —opinó don Fernando.

Ignacio apenas pudo dormir esa noche. Desvelado y triste analizó la manera de contarle a María toda la verdad, sin herirla demasiado.

Se habían citado en el paseo marítimo y ella, como de costumbre, acudió puntual. Ya estaba Ignacio a punto de soltar el largo discurso que había preparado cuando al sentir el calor de las manos de la chica, se quedó quieto y se lo dijo todo, casi atropelladamente, con la garganta que parecía cerrarle el paso a sus palabras. Finalmente, se acercó a la chica y le susurró al oído:

—Perdóname.

—No hay nada que perdonar.

El muchacho, ante la gran serenidad de María, se sintió algo desairado y hasta se le cruzó en un segundo por la mente que estaba dramatizando.

—María, te juro que...

—Ya dijimos una vez Ignacio que, sin promesas, sin preguntas ni disculpas —la muchacha sintió que el aire se le enrarecía, aspiró con fuerza y le pidió—: Ignacio, has sido un amigo estupendo y ya tienes para siempre un sitio en mi corazón. Ahora, por favor, déjame sola.

—¿Sola? Es que...

María le miró directamente a los ojos. Era una mirada triste que aparentaba serenidad pero que parecía sangrar por dentro.

—No te preocupes Ignacio, para sustos ya estoy curada. Adiós. Iré pasado mañana al puerto a despedirme de tus padres.

—Pero yo...

—No te atormentes, Ignacio, tú no tienes la culpa. Adiós.

Se volvió y apresuró el paso.

Ignacio quiso retenerla, quiso decirle que volvería muy pronto, que había soñado hacerla un día su esposa, que vivirían juntos y felices para siempre, que había pensado en decirle que seguirían luchando en nombre de su padre y que, mientras durara su ausencia, le escribiría todos los días, pero nada de eso pudo decirle. Herido en su orgullo, caminó dos pasos más y, sin salir de la sorpresa, se volvió y se alejó. Notó entonces que nunca había querido tanto a nadie como a esa chica. En su pecho se mezclaron desconocidas sensaciones de amor y de reproche consigo mismo. Sintió que la había perdido para siempre.

María, unos pasos más adelante, giró muy rápidamente para ver si el muchacho la seguía y al comprobar que caminaba deprisa en dirección contraria, se llevó las manos a la boca, ahogó un grito y lloró con ese negro llanto que algunas veces viene del alma.

—¿Crees que darán su brazo a torcer?

—No sé. No lo han hecho nunca.

—Entonces, madre, ya sé el camino que debo tomar —dijo Rek.

—Está bien, tú decides, pero no te apresures.

—Al contrario, le diré a Belaya que prepare sus cosas y nos iremos antes de que se reúna el consejo y decidan que no podremos vivir juntos.

—Espera, Rek, tal vez algo bueno suceda.

—O tal vez mi padre haga algo para modificar la costumbre.

—No, precisamente porque el jefe del clan es tu padre, él no será el primero en cambiar la costumbre, eso le restaría autoridad ante el consejo.

—¿Entonces de qué me vale mi padre?

—De mucho... — dijo la mujer y suspiró—, te ha dado la vida y te cuidó de niño.

El muchacho se quedó callado.

Poco después se reunió con Belaya y fueron a la cueva, donde había pintado el bisonte, y buscaron un escondite donde la chica había recogido todos los materiales que Rek y otros pintores habían utilizado. Comentaron sin sobresaltos la posibilidad de marcharse definitivamente del clan, y convinieron que había llegado el momento de hacerlo. El joven insistió en que deberían de marcharse inmediatamente puesto que su madre le había dado a entender que serían inflexibles, pero Belaya le dijo que nada perderían con quedarse un par de días más para oír el famoso veredicto de los ancianos.

Como mandaba la costumbre, después de reunirse y deliberar, los ancianos salieron a la puerta y llamaron al pregonero para que hiciera sonar la caracola marina convocando a todo el clan para ser testigo del acto.

Valmín y sus acompañantes, presididos por Yaloj y

Malmo, caminaron ceremoniosamente hasta llegar a la puerta de la casa de Rek.

—Rek, hijo de Yaloj, hemos venido a buscarte —dijo el anciano y aguardó.

El chico acudió a la puerta, sonrió. Le acompañaban su madre, Belaya y su perro.

—Después de pensar mucho, de convocar y consultar a los espíritus, hemos llegado a un sabio acuerdo —dijo Valmín y carraspeó.

El silencio era impresionante. Todos estaban muy atentos menos Rek. Al muchacho no se le despintaba una sonrisa esperanzadora.

—Rek, hijo de Yaloj, hemos decidido que ya nunca tendrás que marcharte del clan. Tú, sin la ayuda de nadie, has realizado cosas que ningún otro cazador ha hecho. Nos has enseñado y has sabido ser paciente con nuestros castigos y amenazas y, además, es muy cierto que en otras partes del mundo hay grandes clanes que cualquier día pueden hacernos sus cautivos, por eso, en vez de desterrarte, debemos acogerte, y si quieres unirte a Belaya nadie te lo impedirá. ¿Qué respondes?

—Que no solamente quiero unirme a Belaya, hay algo más que quiero hacer desde siempre.

El anciano frunció todas las arrugas de su cara, sorprendido.

—Dime, ¿qué es?

—Quiero atrapar muchos bisontes en las rocas de la cueva, quiero pintarlos para que vuelvan de nuevo a nuestros pastos, porque estoy convencido de que, mientras vosotros los matáis, yo los sigo haciendo vivir con mis pinturas.

—Eso también lo hemos pensado mucho, hijo de

Yaloj y ¿sabes?, tú tienes toda la razón. De ahora en adelante, instálate en la gran cueva y pinta lo que quieras y cuanto quieras... nadie te molestará por eso.

La madre de Rek tenía un nudo en la garganta, Belaya suspiró, y el muchacho volvió a sonreír.

Epílogo

HABÍAN pasado trece años.

Trece años desde que el consejo del clan decidió adoptar definitivamente a Belaya y también permitió a Rek quedarse y atrapar a los bisontes en las paredes de la cueva.

Yaloj era un hombre maduro, todos le respetaban y continuaba siendo jefe del clan. El anciano Valmín tenía la cabeza muy blanca y se había vuelto mucho más sabio.

Todos decían que Rek también se había vuelto sabio.

Habían pasado trece años, pero aquel día se convirtió en una fecha muy especial para el clan.

Estaba a punto de nacer el tercer hijo de Rek y desde la mañana, cuando Belaya dijo que se le habían agudizado los dolores del alumbramiento, la esposa de Yaloj y las mujeres prepararon todo lo necesario para dar la bienvenida al nuevo miembro del clan.

Recostaron a Belaya sobre una vieja piel de bisonte, la misma que Rek consiguió con sus propias manos al salvar de una muerte segura a su esposa y luego le sirvió para acompañarlo en su peregrinaje.

Flotaba un ambiente de nerviosismo en el clan. Eso siempre sucedía cuando iba a nacer un niño.

—Ojalá sea una niña —comentó Belaya, sonrió con anhelo y añadió—: Y que nazca recia y sana.

—Sí —le respondió Rek—. Nacer en la primavera es buen augurio, cuando llegue el invierno estará fuerte y podrá sobrevivir.

En la estación helada morían muchos niños y viejos, especialmente aquellos que eran muy débiles o estaban enfermos.

Luman y Floy se acercaron amorosos hasta donde descansaba Belaya y se sintieron algo sobrecogidos de miedo. Sabían que a veces algunas mujeres habían muerto por traer niños al mundo. Ambos eran hijos de Belaya y Rek. Luman tenía once años, y Floy nueve.

Los dos ya trabajaban con su padre y aprendían cada día la complicada tarea de preparar las pinturas; los rojos que extraían de una roca de óxido ferroso y el negro que lo obtenían a partir del carbón vegetal. Primero desmenuzaban en un mortero de piedra los colores de roca, los mezclaban con grasa de ciervo hasta obtener la textura que hiciera falta y los depositaban en conchas marinas.

Habían aprendido a construir andamios que su padre utilizaba para pintar los techos y las partes altas.

Algunos mozos del clan también se habían aficionado a la pintura que tenía por lienzo las rocas desnudas de las cuevas. A ellos, con verdadera devoción, Rek les enseñaba cuanto sabía, convertido en el auténtico maestro. Con mano firme escoriaba la roca, aprovechaba los relieves que sobresalían para utilizarlos sabiamente y pintar sobre ellos las partes protuberantes de sus animales. Luego con trazo muy seguro dibujaba, con el genio de un verdadero artista, las siluetas y los detalles de su zoológico sobre la piedra viva.

La gran cueva donde había pintado muchos animales se convirtió en una especie de santuario. De la primavera al otoño iban a visitarla todos los miembros del clan. Estaban convencidos de que los animales allí representados atraían la abundante caza y la pesca que ahora disfrutaban, permitiendo una vida sin muchas preocupaciones ni grandes migraciones, como las que sus antepasados se vieron obligados a realizar en la antigüedad.

La cueva de Rek era muy grande. Al llegar el invierno albergaba a todo el clan para soportar los gélidos días de la agresiva estación hasta cuando entraba la primavera.

El sabio anciano había dicho que, cuando pasaran los años y envejeciera el padre de Rek, no existiría nadie mejor en el clan para ser nombrado nuevo jefe que ese hombre que ahora esperaba ansioso la llegada de su tercer hijo.

Además, Valmín le había confiado a Rek todos los secretos de la medicina. Sabía curar con bondad y manos mágicas, especialmente a quienes se herían en la caza. Reparaba los huesos y los volvía a sus sitios o restañaba las heridas con gran sabiduría.

El pintor enseñaba a los niños del clan un profundo amor a la naturaleza. Con frecuencia realizaban largos paseos observándola y descubriendo particularidades de las plantas y de los animales. Algunas veces, cuando era absolutamente indispensable, salían de caza valiéndose de sus trampas o iban de pesca al mar.

De pronto Belaya dio un grito y anunció que la llegada del nuevo niño estaba muy cerca.

—Quiero que Rek esté a mi lado —dijo, mientras las mujeres le limpiaban el sudor afanosamente.

—¿Rek?

Pero Rek, que había estado por allí hasta hacía muy poco, no aparecía.

Lo buscaron de un lado a otro, infructuosamente.

—Debe haberse internado en el fondo de la cueva —dijo Belaya.

—Voy a buscarlo —se ofreció el anciano Valmín cogiendo una antorcha.

—Iré contigo —le dijo Yaloj.

—No hace falta, si crees que me voy a extraviar, te equivocas —le respondió, algo enfadado.

—Insisto, quiero ver qué hace Rek.

—Él preferiría que no, pero si te empeñas, vamos.

Caminaron rápidamente por los tenebrosos pasadizos hasta que la luz de las grietas desapareció y el recinto quedó totalmente negro. Aun así el ambiente no era sofocante, lo que demostraba que había filtraciones de aire.

Después de una considerable caminata, los hombres atisbaron que en el fondo estaban encendidas varias antorchas y se aproximaron a ellas rápidamente.

Encontraron a Rek arrodillado, en actitud contrita.

—No debemos interrumpirlo —dijo el anciano.

—Me parece que sí.

—Es un momento especial para él, dejémoslo.

—No. Hay que decirle que el niño está a punto de nacer.

Se acercaron. Al sentir los pasos, Rek se levantó y giró hacia ellos.

—Voy con vosotros —dijo.

Yaloj vio por primera vez los numerosos dibujos en las paredes de la cueva, unas representaciones extrañas, que apenas insinuaban las formas de humanos o de animales. Encontraron, igualmente, otros signos desconocidos y casi siempre pintados sólo con los colores blanco y negro.

Conmovido por aquellas figuras desconocidas, el jefe del clan le preguntó:

—¿Qué son esos dibujos?

—Voces —le respondió Rek.

—No te entiendo, hijo.

Rek no respondió y siguió su camino.

—Algunas veces a Rek le hablan los espíritus —le explicó el anciano a Yaloj—, y cuando eso sucede, él dibuja esos signos sobre la roca.

El hombre tragó saliva temeroso y decidió no preguntar más.

Caminaron a toda prisa alumbrados por las antorchas y se reunieron con Belaya.

Ella, al ver a su esposo, sonrió y aguardó confiada su pronto alumbramiento.

—Ya viene el niño —dijo la madre de Rek.

Se hizo un gran silencio, apenas interrumpido por el esfuerzo de Belaya.

Rek cerró los ojos y pareció que musitaba una oración.

De pronto, un llanto, claro como el rumor de una fuente en primavera, creció y se fue rebotando por las paredes de la cueva.

Una nueva criatura había llegado al mundo.

—¡Es una niña! —dijo la madre de Rek. Cogió a la pequeña, la limpió, la estrechó contra su pecho y se la entregó a Belaya.

La mujer sonrió y juntó sus lágrimas de felicidad a los chorros de lágrimas de la recién nacida.

Habían transcurrido trece años desde la muerte de don Marcelino Sanz de Sautuola, y el día del aniversario, María se levantó más temprano que de costumbre. Personalmente cortó unas grandes rosas rojas, se vistió de riguroso luto, y en vez de caminar por la ancha vía que conducía al cementerio, tomó el sendero entre los árboles y la campiña, que le acortaba la distancia y le resultaba más agradable caminar a través de él.

Depositaría la ofrenda sobre la losa que cubrían los restos del insigne santanderino, como cada mes en esa fecha, luego entablaría un diálogo imaginario, durante unos instantes, con el recuerdo de aquel hombre bueno, y volvería, como de costumbre, sola y triste a encerrarse en la finca de Puente San Miguel, cercana a Santillana del Mar, como lo había hecho durante los últimos años.

Trece años en la vida de una mujer son muchos años.

Era fines de septiembre y el verano tocaba a su fin. El aire caliente, como una explosión de la naturaleza, se deslizaba perfumado por las campiñas de Cantabria. Mientras María caminaba recordó a su padre, y hasta casi sintió el calor de su tibia mano y tuvo una clara conciencia de que sus primeros recuerdos venían de esos lugares, por los que cogida de la mano de su progenitor, muy pequeña todavía, recorría esos campos.

Por unos instantes la emoción empezó a ahogarla y aspiró con fuerza. Olía a enebro, a espliego, a eucaliptus, a menta, olía a vida.

María siguió caminando.

Las breves torres del camposanto, sus muros blanqueados y su puerta entreabierta, como de costumbre.

Llegó al mausoleo de la familia y cuando tuvo en frente la tumba de don Marcelino, el corazón le dio un vuelco. Se detuvo muy sorprendida, un gran ramo de flores, cuidadosamente preparado, había sido colocado allí.

¿Quién podía ponerle un ramo tan grande y precisamente en esa fecha? ¿No sería una burla macabra de algunos que a pesar de los años todavía no habían «perdonado» el descubrimiento de las pinturas de la cueva de Altamira y que para ellos era la «gran mentira» de don Marcelino?

Se acercó presurosa hasta la tumba y hurgó con prisa entre las flores para ver si encontraba algún indicio que pudiera llevarle a descubrir al autor de aquello. Encontró una pequeña tarjeta manuscrita con tinta verde que decía: «Querido amigo: ¿Podrás perdonarme algún día?», y firmaba solamente con una «E.»

Repasó mentalmente las posibilidades de una E que encabezara algún nombre conocido y no halló ninguno. Depositó sus rosas en la tumba, rezó unos instantes y salió sin saber a quién recurrir.

Vio al vigilante y corrió hacia él.

—Hola. ¿Has visto entrar a alguien por aquí hace algún momento, portando un gran ramo de flores?

El hombre alzó los hombros.

—¡No! —contestó con un gruñido.

María se aproximó más a él.

—¿Estás seguro?

—¡Sí!

—¿No habrás salido a tomar una copa mañanera?

El hombre pestañeó.

—Señorita —dijo parsimonioso—, por las mañanas yo nunca bebo.

María movió la cabeza y se alejó apenada y deprisa. Ese hombre olía a licor.

Decidió volver por la vía del cementerio por si reconocía a alguien y sintió de nuevo que se le agitaba la respiración. Aspiró con fuerza y esta vez le pareció que olía a viento marino. El mar no estaba muy lejos, y su brisa, cargada de sal y de vida, de vez en cuando, besaba los verdes de la naturaleza.

El mar, el paseo marítimo, las gaviotas... Ignacio.

María, sobresaltada, se preguntó si no sería Ignacio el que había retornado.

—¿Pero por qué Ignacio ahora, después de tanto tiempo? —dijo en voz baja—. Bah, ilusiones tontas.

Apresuró el paso y llegó hasta el lugar desde donde podían distinguirse las tapias que circundaban su finca, y de nuevo se sintió fuera de la realidad: estaban detenidos varios carros tirados por caballos, y con toda seguridad algo tenían que ver con ella, porque de otra manera no se hubieran estacionado justamente en ese lugar.

En el portón le aguardaban Antonio y Pepín, los fieles servidores de la familia.

—¿Qué pasa, Antonio? —se apresuró a preguntarle.

—Ha venido don Marcelino, señorita —respondió.

Sin saber por qué María pensó en su padre que

también se llamaba Marcelino, y la sensación de que aquello era un sueño volvió a inquietarla.

—¿Qué don Marcelino?

—Don Marcelino Menéndez Pelayo, con otros señores de Santander, y no sé quiénes más.

—¿Y dónde están ahora?

—La aguardan en el salón. Les comenté que usted había salido y me dijeron que no importaba, que la esperarían todo el tiempo necesario.

María caminó con rapidez el buen trecho que faltaba hasta la casa de la finca y cuando estuvo a punto de llegar se detuvo, se arregló el vestido y se retocó rápidamente el pelo, acortó el paso y caminó sin prisas.

Había mucha más gente de la que María se imaginaba. No conocía casi a nadie. Ella les hizo un venia, que los caballeros correspondieron, y les invitó con amabilidad a sentarse.

—Doña María, quiero presentarle nuestras disculpas por haber invadido su casa —dijo Menéndez Pelayo, y sonrió con amabilidad—. Nos trae una agradable misión, y yo apelo, en nombre de la Cultura y la Ciencia, que sepa usted escucharnos y comprender nuestro mensaje. En primer lugar, le voy a presentar al profesor Cartailhac, que preside una embajada de sabios franceses, al abate Breuil, al...

—¡Cartailhac...! —interrumpió María y se le arreboló la cara —. ¿No es usted ese señor que tanto atacó a mi padre y que aun después de muerto continuó denostándolo?

—Émile Cartailhac —repitió el aludido, hizo una venia y no dijo más.

—No habla español —intervino don Marcelino—.

Me temo que es el mismo hombre al que usted hace referencia.

—¿Pero cómo se atreve...? —dijo María indignada, se puso en pie e hizo el ademán de marcharse—. ¿Es que acaso no estáis enterados de que sus desplantes, prácticamente, causaron la muerte de mi padre?

—María, por favor, le ruego que me escuche —volvió a decir don Marcelino—. Yo comprendo su queja y soy el primero en ponerme de parte suya, pero ha sucedido algo muy importante. El profesor Cartailhac y otros estudiosos franceses han descubierto que estaban equivocados cuando juzgaron a su padre. Ahora están plenamente convencidos de que las pinturas de la cueva de Altamira son auténticas, y han tenido la gentileza, en un gesto que les honra, de venir desde París para pedir públicas disculpas del error que cometieron.

María volvió a creer que estaba soñando. La pausada y clara voz de don Marcelino, el gran maestro y escritor santanderino, la devolvió a la realidad. Sin embargo, dijo:

—Hablar mal de alguien es como tirar un saco de plumas al viento... ¿quién las recoge después?

—La historia —le respondió don Marcelino—. La historia, María, que todo lo decanta, que es sabia y consejera de los tiempos.

—Mi padre fue ofendido públicamente.

—Sí, y ahora el profesor Cartailhac ha tenido la suficiente valentía de escribir todo un libro para pedir disculpas—extrajo el volumen, se lo acercó y dijo—: Fíjese, es un *Mea culpa* público y valiente.

María vio que las figuras que tenía delante comenzaron a desvanecerse hasta hacerse totalmente borrosas y desaparecer finalmente.

Cuando María despertó estaba recostada sobre su cama. El sol se filtraba por la ventana y el fiel Antonio la contemplaba asustado.

—Oh, Antonio —dijo—, he tenido un sueño muy hermoso, soñé que venían...

—Niña —le respondió—, no ha sido un sueño. En el salón continúan todos los señores que han venido por la mañana. Usted se desmayó, la atendió uno de ellos que era médico y luego decidieron que debía descansar, y ya ve, ahora creo que usted se siente de nuevo muy bien.

—Esto es increíble —se irguió—, ve a decirles que bajaré en unos minutos.

Don Marcelino le terminó de presentar a los visitantes: el abate Breuil, el diputado Pérez del Molino, el profesor Millares, los hermanos Lasso de la Vega y un sobrino del profesor Vilanova y Piera que había sido especialmente convocado en Madrid.

El maestro santanderino le explicó a María que la confirmación de que los bisontes de la cueva de Altamira eran auténticos había venido de la propia Francia, en donde se encontraron varias cuevas que tenían pinturas muy similares a las de Altamira. Ante la evidencia tan apabullante, a los científicos franceses no les había quedado otro camino que reconocer, hidalgamente, su error y venir a disculparse.

Finalmente, le comunicó que el Ayuntamiento de Santander, en un acto público, que iba a celebrarse dentro de unos días, haría también un desagravio a la figura de don Marcelino Sanz de Sautuola.

María les dio las gracias. Pidió disculpas por el brusco trato que les había dado al principio. Todos le dijeron que era lo menos que podía esperarse de un caso semejante y que, al contrario, encontraban en el temple de la noble dama el paradigma de alguien que sabe conservar la memoria de un ser querido a través del tiempo y la distancia.

Al despedirse todos estrecharon las manos de María, y cuando le tocó el turno a Cartailhac, María le dijo en francés.

—Profesor, estoy segura de que mi padre ya lo habrá perdonado. Muchas gracias por el ramo de flores que puso usted esta mañana en su tumba.

Émile Cartailhac sonrió, se llevó la mano al corazón y le hizo una reverencia.

(Madrid, otoño de 1996)

ESPASA JUVENIL

ÚLTIMOS TÍTULOS PUBLICADOS

143
MILÚ, UN PERRO EN DESGRACIA
AUTORA: BLANCA ÁLVAREZ
ILUSTRADOR: RAFAEL SALMERÓN

144
CUENTOS Y LEYENDAS DE LA EUROPA MEDIEVAL
AUTOR: GILLES MASSARDIER
ILUSTRADOR: PABLO ALONSO

145
CUENTOS CLÁSICOS DE NAVIDAD
SELECCIÓN: SEVE CALLEJA

146
BAMBI
AUTOR: FELIX SALTEN

147
CINCO SEMANAS EN GLOBO
AUTOR: JULES VERNE

148
BICICLETAS BLANCAS
AUTORA: MARISA LÓPEZ SORIA

149
ANASTASIA TIENE LAS RESPUESTAS
AUTORA: LOIS LOWRY
ILUSTRADOR: JUAN RAMÓN ALONSO

150
LA VENGANZA DE LAS HORTALIZAS ASESINAS
AUTOR: DAMON BURNARD

151
TARTESOS
AUTOR: FERNANDO ALMENA

152
MÁS CUENTOS SOBRE LOS ORÍGENES
VARIOS AUTORES

153
MÁS CUENTOS DE ANIMALES
VARIOS AUTORES

154
MÁS CUENTOS DE ENCANTAMIENTOS
VARIOS AUTORES

155
MÁS CUENTOS DE INGENIOS Y OTRAS TRAMPAS
VARIOS AUTORES

156
EL COMISARIO CASTILLA, SIEMPRE A TODA PASTILLA
AUTOR: RAINER CRUMMENERL
ILUSTRADOR: KLAUS PUTH

157
EL RESCATE
AUTORES: CARLOS VILLANES CAIRO E ISABEL CÓRDOVA ROSAS
ILUSTRADORA: ANA AZPEITIA

158
EL PUCHERO DE ORO. EL CASCANUECES Y EL REY DE LOS RATONES
AUTOR: E. T. A. HOFFMANN

159
CUENTOS DE LA ALHAMBRA
AUTOR: WASHINGTON IRVING

160
PAÍS DE DRAGONES
AUTORA: DAÍNA CHAVIANO
ILUSTRADOR: RAPI DIEGO

161
CLÁSICOS EN ESCENA
AUTORA: CARMEN MARTÍN ANGUITA
ILUSTRADORA: PAZ RODERO

162
UNA (SIMPLE) HISTORIA DE AMOR
AUTOR: JORDI SIERRA I FABRA

163
CUENTOS Y LEYENDAS DE LA ILÍADA
AUTOR: HOMERO
ADAPTACIÓN: JEAN MARTIN
ILUSTRADORA: ANA AZPEITIA

164
LA BRUJA MARIONETA
AUTORA: JUANA SALABERT
ILUSTRADOR: RAFAEL SALMERÓN

165
LA LAGUNA LUMINOSA
AUTOR: JOAN MANUEL GISBERT
ILUSTRADOR: FRANCISCO SOLÉ

166
DIARIO DE UN NIÑO DESCOMUNAL
AUTORES: JOSÉ LUIS VELASCO Y CARMEN MORALES
ILUSTRADOR: SAMUEL VELASCO

167
HISTORIA DE UNA GALLINA
AUTOR: RAFAEL ESTRADA
ILUSTRADORES: RAFAEL ESTRADA Y JAVIER REQUENA

168
CAROL, QUE VERANEABA JUNTO AL MAR
AUTOR: AVELINO HERNÁNDEZ
ILUSTRADORA: STEFANIE SAILE

169
EL CABALLERO DE OLMEDO
AUTOR: LOPE DE VEGA
ADAPTADOR: NEMESIO MARTÍN
ILUSTRADOR: PABLO TORRECILLA

170
EL MERCADER DE VENECIA
AUTOR: WILLIAM SHAKESPEARE
ADAPTADOR: NEMESIO MARTÍN
ILUSTRADOR: PABLO TORRECILLA

171
CUENTOS POPULARES RUSOS
AUTOR: ALEXANDR AFANASIEV

172
CUENTOS EN EL TREN
SELECCIÓN: SEVE CALLEJA

173
UNA VISITA DEL PASADO
AUTORA: RENATE WELSH

174
MALIKA BALEMBÓ
AUTORA: BLANCA ÁLVAREZ
ILUSTRADORA: ANA MÁRQUEZ

175
DATREBIL 7 CUENTOS Y 1 ESPEJO
AUTOR: MIQUEL OBIOLS
ILUSTRADOR: MIGUEL CALATAYUD

176
EL MANCEBO QUE AMABA LAS PALABRAS
AUTOR: JOSÉ LUIS OLAIZOLA

177
ANASTASIA VIVE AQUÍ
AUTORA: LOIS LOWRY
ILUSTRADOR: JUAN RAMÓN ALONSO

178
SOBRE EL CORAZÓN UN ANCLA
AUTOR: RAFAEL ALBERTI
ILUSTRADOR: PABLO AMARGO

179
LA REBELIÓN DE LAS IDEAS. ANTOLOGÍA DEL ENSAYO ESPAÑOL
AUTOR: JOSÉ M.ª PLAZA
ILUSTRADOR: PABLO AMARGO

180
VIAJES DE GULLIVER
AUTOR: JONATHAN SWIFT

181
EL REGRESO DE DRÁCULA
AUTORA: ANNE JUNGMANN
ILUSTRADOR: RAFAEL SALMERÓN

182
LOS HILOS CORTADOS
AUTORA: MONTSERRAT DEL AMO

183
ANTES DE LOS DIECIOCHO
SELECCIÓN: MERCEDES CHOZAS
ILUSTRADOR: ANTONIO CASQUERO

184
CUENTOS Y LEYENDAS DE LA ODISEA
AUTOR: HOMERO
ADAPTACIÓN: JEAN MARTIN
ILUSTRADORA: ANA AZPEITIA

185
LEYENDAS
AUTOR: GUSTAVO ADOLFO BÉCQUER

186
SUDOR FRÍO
AUTOR: CARLOS VILLANES CAIRO
ILUSTRADOR: LUIS SÁNCHEZ ROBLES

187
BELTRÁN EL ERIZO
AUTORES: CONCHA LÓPEZ NARVÁEZ Y RAFAEL SALMERÓN
ILUSTRADOR: RAFAEL SALMERÓN

188
BELTRÁN EN EL BOSQUE
AUTORES: CONCHA LÓPEZ NARVÁEZ Y RAFAEL SALMERÓN
ILUSTRADOR: RAFAEL SALMERÓN

189
TIEMPO MUERTO
AUTOR: JORDI SIERRA I FABRA

190
ANASTASIA, POR SUPUESTO
AUTORA: LOIS LOWRY
ILUSTRADOR: JUAN RAMÓN ALONSO

191
NIÑOS NO, GRACIAS
AUTORA: BLANCA ÁLVAREZ
ILUSTRADOR: RAFAEL SALMERÓN

192
EL MUNDO DE RAMONA
AUTORA: BEVERLY CLEARY
ILUSTRADOR: ALAN TIEGREEN